続 日本100名城に行こう

北海道から沖縄まで詳細な城データを収録

1各城のデータはそれぞれの城郭の申告に基づいて作成したが、表記などについては以下のような原則によった。
- **別名**／主な別名を記した。
- **城地種類**／日本城郭協会が定めた基準と、各城郭の申告を検討して記した。
- **築城年代**／その城の築城開始年もしくは完成年を記した。その後、城が大きく改修・改築された場合に、その開始・完成年を時代順に記している場合もある。年が特定できない場合は「不明」「慶長８年(1603)？」などと記載した。
- **築城者**／築城年代に記載した順番で、築城者・改修者を記した。
- **主要城主**／その城の主な城主を、城に入った順に「～氏」の形で記載した。
- **文化財史跡区分**／城跡や建造物が指定史跡・指定文化財になっている場合に、その旨を記した。指定文化財は件数のみを記載した。
- **近年の主な復元・整備**／城跡で実施された主な復元・整備事業を記した。
- **主な関連施設**／城内もしくは周囲にある、その城に関連ある博物館や資料館、施設などを記した。
- **主な遺構**／現存する曲輪や建物、堀、石垣、土塁などの中で主なものを簡略に記載した。
- **スタンプ設置所**／スタンプの押印可能な場所を記載した。

2地図中に城は■、スタンプ設置場所は★、関連施設は●で示した。
3各城郭の番号は日本城郭協会が定めた。
4城郭名は日本城郭協会が定めたもので、各城郭での呼び方とは異なる場合もある。
5主な城郭用語は日本城郭協会で定めたものを用いた。
◎所在地・交通については巻末のスタンプ欄に掲載しました。
◎市町村名および各城郭に関するデータは原則として2024年８月現在のもので、変更されている場合もあります。
◎災害や新型コロナウイルス感染拡大防止のため、各施設の臨時休館や開館時間の変更が生じる場合があります。お城に出かける際は、開館時間・交通手段など必要な情報を事前にご確認いただくようお願い申し上げます。

続日本100名城に行こう

―目次―

城郭用語解説

本書に出てくる、主な専門用語をまとめました。
これらを知っておけば、日本の城巡りがもっと楽しくなります。

選地・設計

山城《やまじろ》…山や丘の頂部を利用し、自然の崖や谷地形を取り込んで築かれた城。中世の城に多く、戦時の立《た》て籠《こ》もり用として利用されることが多かった。

平山城《ひらやまじろ》…平野の中にある低い山や丘陵上に築かれた城。丘陵上を城郭部とし、山麓から平野にかけて、家臣や町人たちが住む城下町を設けることが多かった。

平城《ひらじろ》…平野の中の地形が険しい場所を選んで造られた城。家臣の住む場所や商人・職人の住むところまで計画的に配置されていた。遠くまで見渡すため、高層建築が多く建てられた。

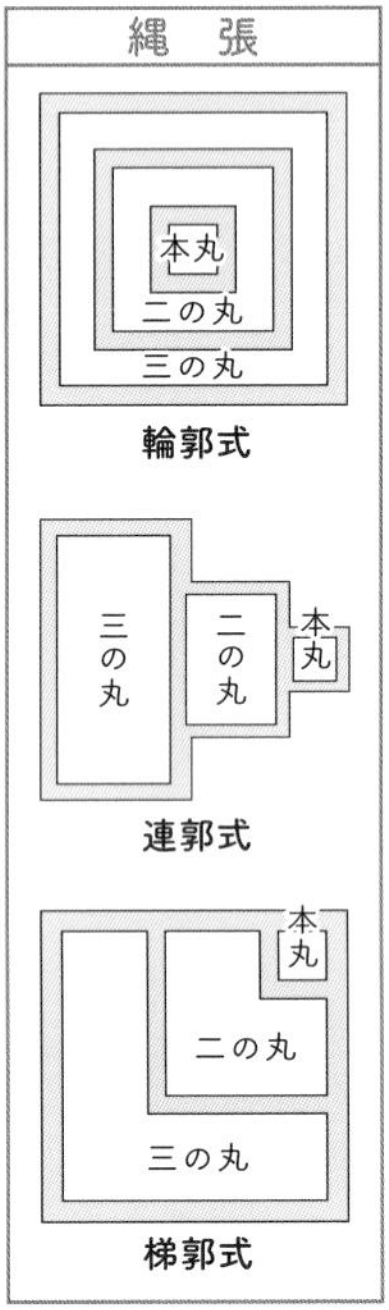

縄張《なわばり》…城を設計すること。曲輪の配置や大きさ・形状、天守・櫓《やぐら》や門の位置・形式など、城全体の設計プラン。

● **輪郭式**《りんかく》…本丸、二の丸、三の丸が、同心円状に広がる曲輪配置。

● **連郭式**《れんかく》…本丸と二の丸、三の丸を、直線状に並べた曲輪配置。

● **梯郭式**《ていかく》…本丸の二方または三方を、二の丸・三の丸が取り囲む曲輪配置。

曲輪《くるわ》…城を構成する区画のこと。中心の曲輪となる本丸、それに続く二の丸・三の丸・西の丸などがあった。郭、廓とも書く。

防御構造

虎口《こぐち》…曲輪への出入口。小口とも。直線的に出入りする構造を平《ひら》虎口（平入《ひらいり》）、土《ど》塁《るい》や石垣を互い違いに設けることで敵の直進を妨げる構造を喰違《くいちがい》虎口という。

枡形《ますがた》…門の内側や外側に、敵方の直進を防ぐために設けた四角形の空間。近世城郭では、手前に高麗門《こうらいもん》、奥に櫓門《やぐらもん》が構えられた。曲輪の内側に設けたものを内《うち》枡形、外側に設けたものを外《そと》枡形という。

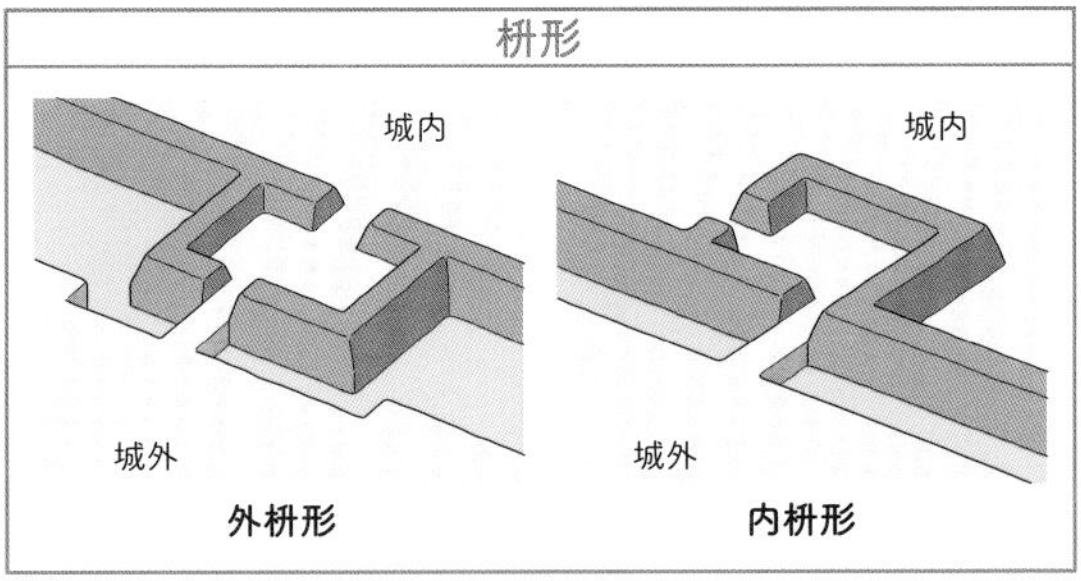

馬出《うまだし》…虎口の外側に、防御強化と出撃拠点を目的に置か

馬出

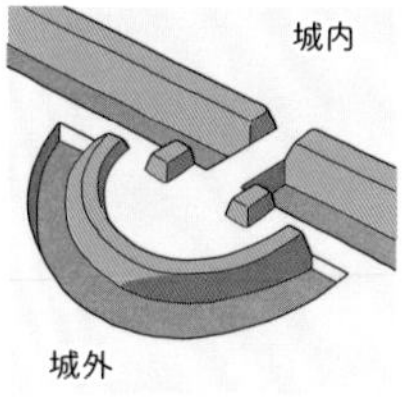

丸馬出

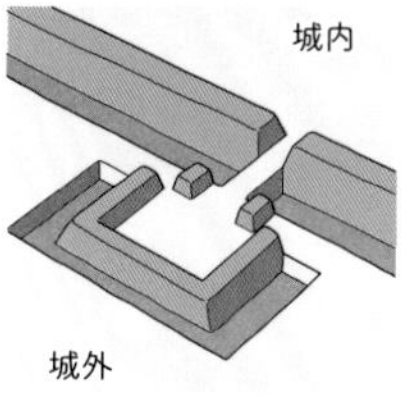

角馬出

石垣

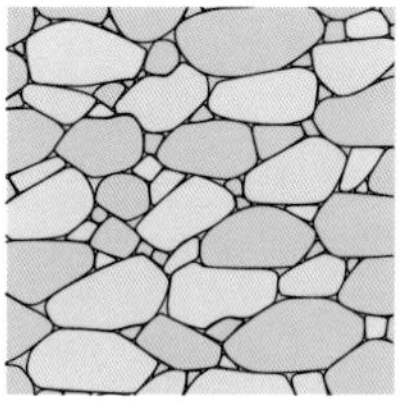

野面積

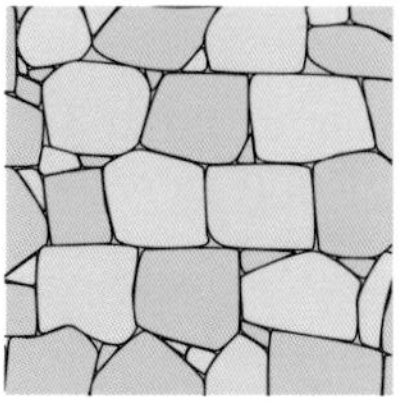

打込接

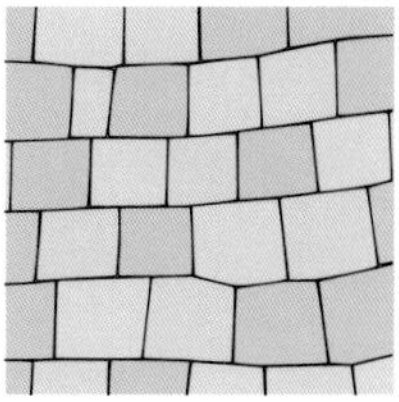

切込接

れた曲輪。外側塁線《るいせん》が円弧状となる丸《まる》馬出と、方形となる角《かく》馬出に大別される。

大手《おおて》…城外から本丸に至る道筋の正面、表側を呼ぶ。追《おう》手《て》も同義。

搦手《からめて》…城の背面、裏口のこと。

横矢《よこや》…側面から攻撃するために、塁線を屈曲させたり、凹凸を設けたりすること。横矢掛《がかり》も同義。

防御設備

土塁《どるい》…城の周囲に、土を盛り上げ固めて築いた堤防状の塁壁《るいへき》。

空堀《からぼり》…敵の侵入を阻止するために人工的に造成された、水を入れない堀。

堀切《ほりきり》…山城で、敵の尾根伝いの侵入を防ぐため、尾根を断ち切るように設けた堀。

竪堀《たてぼり》…山の斜面を縦に仕切るように設けられた空堀。敵の山腹での横方向移動を阻止する効果がある。

横堀《よこぼり》…曲輪の周囲を巡るように設けた堀。

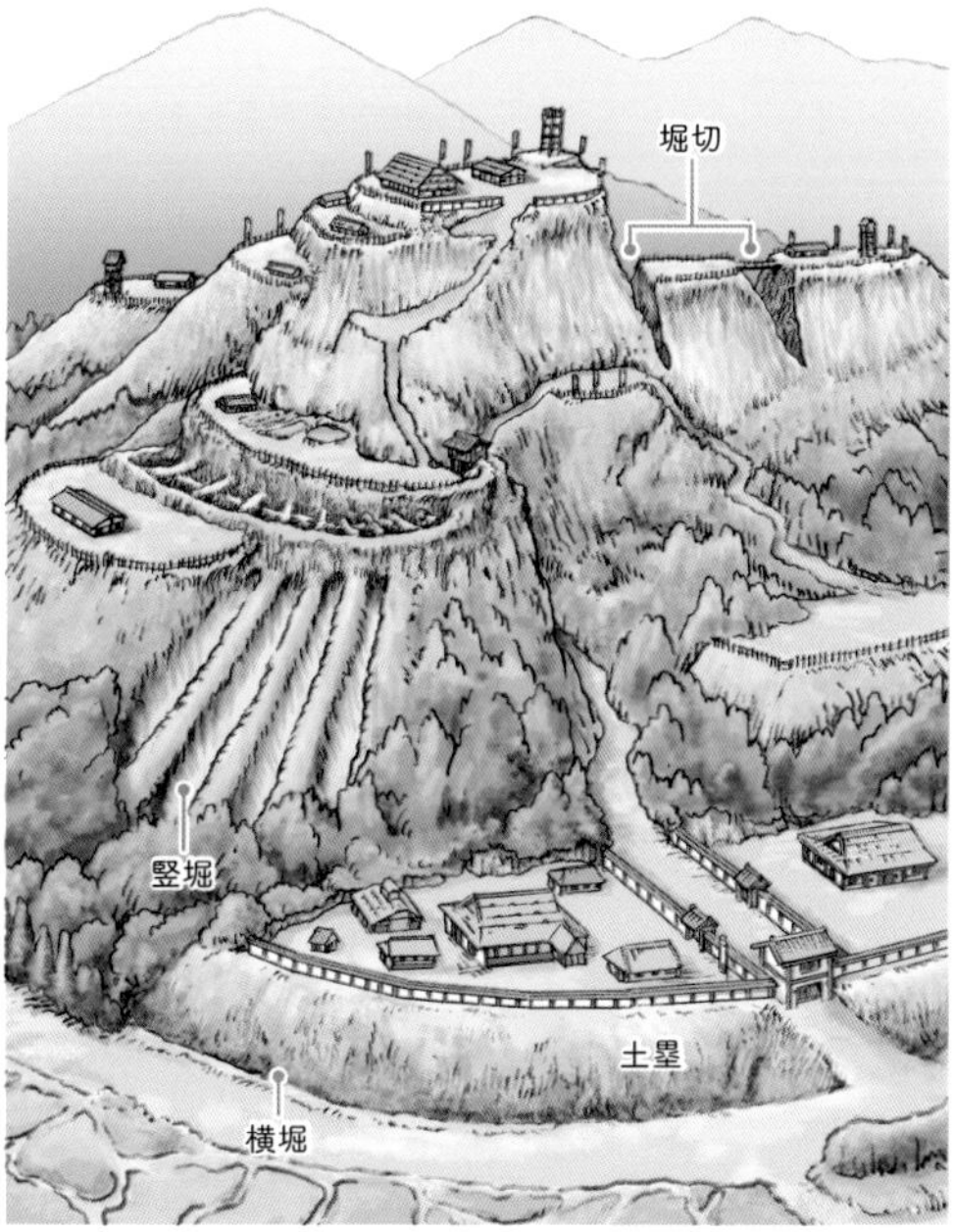

石垣《いしがき》…城壁や建物の土台として、石を積み上げた人工の塁壁。

●**野面積《のづらづみ》**…自然石をあまり加工せずに積み上げる石垣の積み方。積石同士の間は大きく空くため小さな石を詰めることもある。

●**打込接《うちこみはぎ》**…積石の接合部を加工して、隙間を減らす石垣の積み方。慶長《けいちょう》年間（一五九六～一六一五）から広く用いられた。隙間には小さな石を詰める。

●**切込接《きりこみはぎ》**…積石を徹底的に加工して、石同士の隙間をまったくなくす石垣の積み方。元和《げんな》年間（一六一五～

石垣

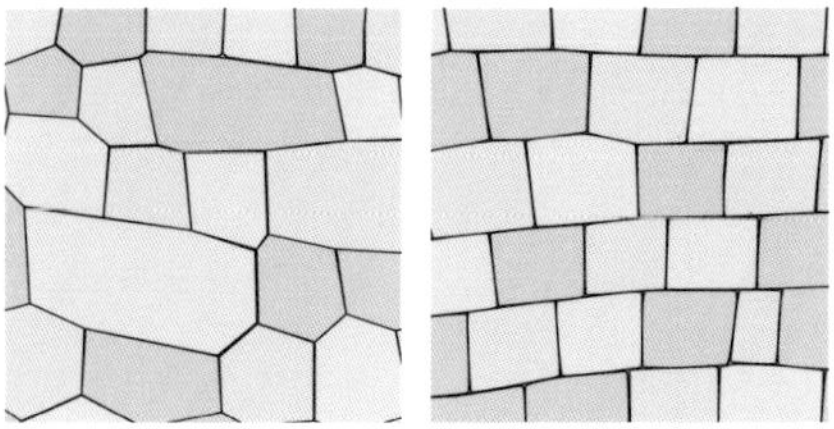

乱積　　布積

二四）以降に多用された。

● **布積《ぬのづみ》**…石垣の積石が横方向に揃って並び、目地《めじ》が通っている積み方。技術的には易しい。

● **乱積《らんづみ》**…石垣の積石の横方向の目地が通っていない積み方。大小不規則な形状の石材を積み上げる。

建築

望楼型天守《ぼうろうがたてんしゅ》…一階または二階建ての入母屋造《いりもやづくり》の建物の上に、物見のための高い櫓（望楼）を載せた天守の形式。天守台（基礎部）が歪んだ形の平面をしていても築くことができる。

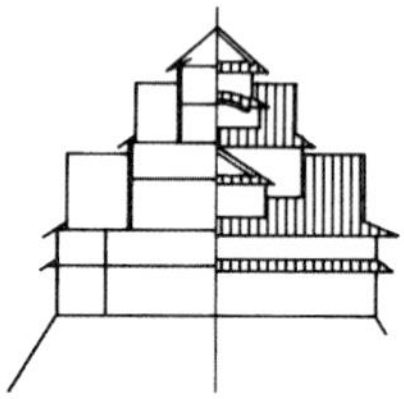

望楼型天守

層塔型天守《そうとうがたてんしゅ》…天守各重の屋根を四方に均等に葺《ふ》き下ろし、各階は下から規則的に小さくなっていく天守の形式。最上重以外には入母屋破風《はふ》がない。ほぼ正方形の天守台を築くことが必要不可欠。

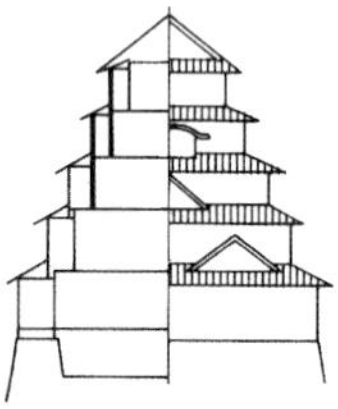

層塔型天守

櫓《やぐら》…矢倉、矢蔵とも書く。矢を収納した倉庫、あるいは矢を射る座《くら》が語源。平時は武器庫、有事は物見や攻撃用陣地となる。屋根が一重の平《ひら》櫓や、標準的な二重櫓、天守の代用とされることもあった三重櫓などがある。

多門《たもん》櫓（多聞《たもん》櫓）…城壁の上に長屋状に長く続く櫓。

櫓門《やぐらもん》…城門の上に櫓を載せたもので、最も格式が高く厳重な城門。

高麗門《こうらいもん》…門扉の上に切妻造《きりつまづくり》の小さな屋根を架け、門扉の後方に立てた柱（控柱《ひかえばしら》）二本の上にも、それぞれ門扉と直交する小屋根を設けた門。上から見ると屋根がコの字形になる。

高麗門

表

裏

掘立柱建物《ほったてばしら》…地面に穴を掘り、柱を埋め込んで造った建物。日本古来の建築構造。

礎石建物《そせき》…柱の下に、基礎となる石を据えて造った建物。重量を分散させ、土台の腐食劣化を防ぐことで、大型で長持ちする建築が可能になる。

「続日本一〇〇名城」の選定にあたって

小和田哲男

「続日本一〇〇名城」誕生

平成一八年（二〇〇六）、日本城郭協会が財団法人となって四〇周年となるのを記念して選定された「日本一〇〇名城」とスタンプラリーは国内において、広く「城への関心」を高める原動力となりました。それに倣い、五〇周年を記念して「続日本一〇〇名城」を選定することを決め、平成二八年から準備を始めました。「日本一〇〇名城」登城達成者へのアンケートや、協会の会報やホームページを通じて多くの城郭ファンに推薦を呼びかけ、その結果を基に選定委員が「続日本一〇〇名城」を選定したのが平成二九年三月、発表は一〇〇名城と同様に四月六日（城の日）で、一年後のこの日、スタンプラリーも始まったのです。

選定基準は「日本一〇〇名城」と同じく以下の三点としました。

①優れた文化財・史跡であること

城郭は、城地の選定、縄張（設計）、普請（土木工事）、作事（建築）がそろってこそ名城とされます。これらの要素がよく保存されていること。

②著名な歴史の舞台であること

名将の拠点城郭や、歴史的事件の舞台となった城郭であり、今にその面影を偲べること。

③時代・地域の代表であること

城郭発達史の観点から、弥生時代に始まり古代・中世・近世へと発達していった、各時代を代表する城であること。また、日本は地理的環境も地域的文化も変化に富みます。そうした独自の城郭文化を代表する城郭であること。

そして、選定には以下の方々があたりました。（敬称略）

選定委員長

小和田哲男（戦国時代史 静岡大学名誉教授）

選定委員

千田嘉博（城郭考古学 奈良大学教授）

三浦正幸（城郭建築史 広島大学名誉教授）

中井 均（城郭考古学 滋賀県立大学教授）

田中邦熙（地盤・基礎 土木学会フェロー）

加藤理文（織豊期城郭史 静岡県袋井市立浅羽中学校教諭）

後押しの声と山城ブーム

さて、先の「日本一〇〇名城」を選んだ時、三つの選定基準のほかにもう一つのルールがありました。それは、選定は「各都道府県から一城以上五城以内とする」というもので、このため選に漏れた城が多くあったのです。選定の当事者の胸の中に、エリアバランスのために止むを得ず落とした城への思いが、ずっと残っていました。

一方で、平成一八年に開始された「日本一〇〇名城」スタンプラリーの登城達成者の間から、次の一〇〇名城を選んでほしいという声が続々とあがり始めました。

この二つに後押しされる形で「続日本一〇〇名城」は生まれたのです。

また近年は、従来から人気のある天守や櫓、城門などが残っていたり、復元されていたりする城だけでなく、中世の山城も脚光を浴び、そうした城巡りがブームとなっています。その傾向を反映して「続日本一〇〇名城」には、建物はなく土塁や石垣、堀からなる、戦国や織豊期の土の城が多数、選ばれました。

二つの一〇〇名城を通して、時代や地域、形態を問わず、城への思いが深く、広くなっていくことは一人の城郭ファンとしても非常に大きな喜びとなるものです。

※選定委員の所属先は平成31年（2019）のもの。

志苔館《しのりだて》

アイヌと和人が戦った道南十二館の一つ

北海道函館市

一四世紀末頃、蝦夷《えぞ》代官として北海道へ進出した津軽安《つがるあん》東《どう》氏が渡島《おしま》半島の海岸線沿いに築いた拠点（道南十二館《どうなんじゅうにだて》）の一つで、安東氏の家臣小林《こばやし》氏の築城とされる。長禄《ちょうろく》元年（一四五七）のコシャマインの戦い、永正《えいしょう》九年（一五一二）のショヤコウジ兄弟の戦いなど、アイヌと和人《わじん》（本州以南に住む人々）との抗争では激しい攻撃を受け、志苔館も二度にわたって陥落した。

西は旧志海苔《しのり》川、東は沢、南は海に面した丘陵上に築かれており眺望がよい。四方に土塁《どるい》と空堀《からぼり》を巡らせた単郭《たんかく》台形の縄張《なわばり》で、計七棟分の建物跡が確認されている。

1 主郭《しゅかく》部東側
写真中央が東側の土塁。左側が館の郭内である。

2 北側上空からの空撮
土塁で囲まれた主郭部北寄りに建物跡が平面表示されているのが見える。

3 主郭部西側
土塁の中央部に大手に相当する虎口《こぐち》が設けられ、門が構えられていた。

主な遺構	堀、土塁など

別名	志濃里館（しのりだて）
城地種類	平城
築城年代	14世紀末〜15世紀初頭頃
築城者	小林良景
主要城主	安東氏一族か
文化財史跡区分	国指定史跡
近年の主な復元・整備	案内板、遊歩道、四阿（あずまや）、トイレなど
主な関連施設	市立函館博物館
スタンプ設置所	志苔館四阿

＊追記（備考）／市立函館博物館では、志苔館近くで出土した北海道志海苔中世遺構出土銭を常設展示。志苔館問い合わせ先は、函館市教育委員会文化財課（0138-21-3472）

続日本100名城
No.102

上《かみ》ノ《の》国《くに》勝《かつ》山《やま》館《だて》

…北海道檜山郡上ノ国町

北海道中世史を物語る蠣崎氏の本拠

勝山館は武田《たけだ》（蠣崎《かきざき》）信広《のぶひろ》の本拠地で、文明《ぶんめい》五年（一四七三）頃の築城と推定される。信広の子の蠣崎光広《みつひろ》が永正《えいしょう》一一年（一五一四）に松前へ本拠を移すと支城の位置づけとなったが、慶長《けいちょう》年間（一五九六～一六一五）初頭に廃城となるまで、蠣崎氏の北方日本海ルートの軍事・交易の中心的施設として栄えた。

夷王《いおう》山中腹の丘陵を利用して築かれ、尾根続きの南後方を堀切《ほりきり》で切断し、本曲輪《ほんぐるわ》や北曲輪を構えた。復元整備された主郭《しゅかく》部の建物跡や通路、二重の堀切などからは、日本最北の地に構えられた戦国期の城館の縄張《なわばり》を体感できる。

1 二重堀切
本曲輪と北の北曲輪との間を隔てる二重堀切は、断面がV字になっている薬研堀《やげんぼり》。

2 勝山館空撮
北東上空からの空撮。主郭部の中央を突っ切るように通路が造られていた様子がわかる。

3 本曲輪最上部の土塁
主郭南端の土塁で、上には館神八幡《たてがみはちまん》宮《ぐう》が建立された。

1

3

2

主な遺構	堀、土塁など

別名	和喜館（わきだて）、脇館
城地種類	山城
築城年代	文明5年（1473）頃
築城者	武田（蠣崎）信広
主要城主	蠣崎氏
文化財史跡区分	国指定史跡
近年の主な復元・整備	空堀、土塁、掘立柱建物、柵、橋、道、側溝、井戸、庭
主な関連施設	勝山館跡ガイダンス施設
スタンプ設置所	勝山館跡ガイダンス施設 上ノ国町教育委員会（ガイダンス施設休館時のみ）

＊追記（備考）／勝山館跡ガイダンス施設（有料：大人200円、小中高100円、団体20人以上2割引）。勝山館跡ガイダンス施設冬期休館日は、上ノ国町総合福祉センター内上ノ国町教育委員会がスタンプ設置場所（8：30～17：15）

No.103

浪岡城《なみおかじょう》

二重堀で曲輪を区切った中世城館

青森県青森市

浪岡城を築いた浪岡氏は南《なん》部《ぶ》氏の保護を受けていたが、三戸《さんのへ》南部氏が北朝方につくと、南朝方の根城《ねじょう》南部氏を頼って浪岡に入部したと考えられる。浪岡氏はここを拠点として津《つ》軽《がる》の大きな勢力に成長するが、永禄《えいろく》五年（一五六二）の川原《かわはら》御所《ごしょ》の乱で敗れて衰退。天正《てんしょう》年間（一五七三〜九二）に城は大浦《おおうら》（津軽）為信《ためのぶ》により落城した。

浪岡川右岸に築かれ、東から新館《しんだて》、東館、外郭《がいかく》、猿楽館《さるがくだて》、北館、内館、西館、検校館《けんぎょうだて》の八つの曲輪《くるわ》で構成されていた。曲輪を区切る堀のほとんどが二重堀であった。各曲輪の残りは良好である。

1 北館
内館の北側に位置する曲輪で、浪岡城では最大規模。

2 西館と内館の堀跡
南側を除いて各曲輪は水堀で囲まれていた。水堀の中央部には中土塁《なかどるい》が設けられていたため、堀が二重となる。

3 内館の虎口《こぐち》
城主居館のある内館西側には、曲輪を登って入る坂《さか》虎口が設けられていた。

1

2

3

主な遺構 堀、土塁など

別名	—
城地種類	平城
築城年代	1460年代（推定）
築城者	不明
主要城主	浪岡（北畠）氏
文化財史跡区分	国指定史跡
近年の主な復元・整備	—
主な関連施設	青森市中世の館
スタンプ設置所	青森市中世の館　浪岡城跡案内所 青森市浪岡交流センター「あぴねす」

続日本100名城

No.104

九《く》戸《のへ》城《じょう》

秀吉の天下統一最後の合戦の舞台

岩手県二戸市

明応《めいおう》年間（一四九二～一五〇一）の築城と推定される。戦国時代末期、九戸政実《まさざね》が城主の代には南部《なんぶ》氏の中でも勢力を誇り、南部氏の後継争いでは南部信直《のぶなお》と対立した。天《てん》正《しょう》一九年（一五九一）に乱を起こすが、豊臣秀次《とよとみひでつぐ》を総大将とする奥羽再仕置軍《おううさいしおきぐん》が乱を鎮圧。乱後、城は蒲生氏郷《がもううじさと》が大改修して、信直が一時期居城としたが、寛永《かんえい》一三年（一六三六）に廃城となった。

河岸段丘《かがんだんきゅう》上に位置する本丸と二の丸は落城後に改修された近世城郭の曲輪《くるわ》で、塁線《るいせん》が直線的。東方の石沢館《いしざわだて》と若狭《わかさ》館《だて》は中世城郭的な曲線の塁線となっている。

1 本丸の石垣
本丸と二の丸を隔てる空堀《からぼり》。北東北最古といわれる野面積《のづらづみ》の石垣が残る。

2 本丸の隅櫓《すみやぐら》跡
本丸南東隅の土塁《どるい》上には2間(約3.6m)四方ほどの櫓台跡が残る。

3 石沢館
曲線的な塁線をもつ曲輪で、直線的な塁線の本丸や二の丸と対照的である。

主な遺構	石垣、堀、土塁、枡形虎口など

別名	福岡城
城地種類	平山城
築城年代	明応年間(1492～1501)
築城者	九戸氏
主要城主	九戸氏、南部氏
文化財史跡区分	国指定史跡
近年の主な復元・整備	—
主な関連施設	二戸市埋蔵文化財センター(展示室)
スタンプ設置所	九戸城ガイドハウス(4月～11月) 二戸市埋蔵文化財センター受付

続日本100名城

No.105

白石城《しろいしじょう》

天守を「大櫓」と称した仙台城の支城

宮城県白石市

天正《てんしょう》一九年（一五九一）の豊臣秀吉《とよとみひでよし》による奥羽仕置《おううしおき》後、伊達《だて》氏支配の白石の地は蒲生《がもう》氏郷《うじさと》に与えられ、白石城が築かれた。慶長《けいちょう》五年（一六〇〇）の関ヶ原《せきがはら》の戦い後に伊達氏の所領に戻り、その後も長く仙台城の支城として続いた。

標高約七六ｍの丘陵上に築かれ、最高所に本丸を中心に二の丸、中の丸、西曲輪《にしぐるわ》が取り巻く。中段にも多くの曲輪群を配した。本丸に建っていた天守代用の三重の「大櫓《おおやぐら》」は平成七年（一九九五）に復元され、白壁の端正な姿を見せている。本丸大手の一之門と二之門で構成される変則的な枡形《ますがた》も見どころである。

1 天守三階内部
三階は物見櫓となっており、室内は30畳敷ほどの広さがあった。

2 復元天守南面
支城のため、幕府をはばかって天守ではなく「大櫓」と称した。明治期に破却され、平成になってから木造復元された。

3 大手二之門
事実上の本丸大手門に当たる。櫓門《やぐらもん》で、片方を石垣の上に載せた形式。手前に高麗門《こうらいもん》の大手一之門がある。

主な遺構	石垣、土塁、櫓台など

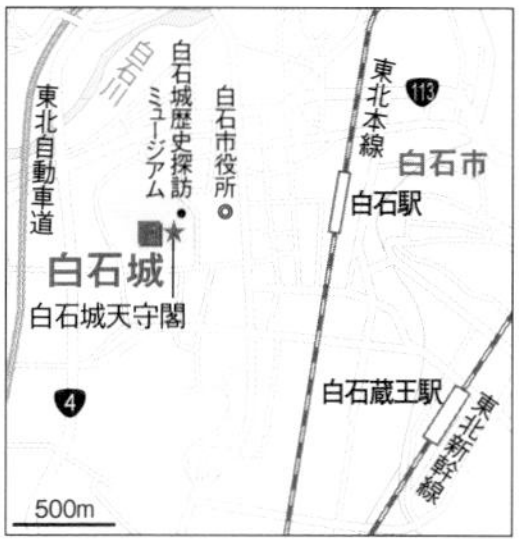

別名	益岡城、桝岡城
城地種類	平山城
築城年代	天正19年（1591）
築城者	蒲生氏郷
主要城主	蒲生氏、甘糟氏、石川氏、片倉氏
文化財史跡区分	市指定有形文化財
近年の主な復元・整備	天守（大櫓）、大手一之門、大手二之門、石垣、土塀
主な関連施設	白石城管理事務所白石城歴史探訪ミュージアム
スタンプ設置所	白石城天守閣

＊追記（備考）／復元は国内材料を用い、日本古来の建築様式により史実に忠実に再現している

続日本100名城

No.106

脇本城《わきもとじょう》

安東愛季が本拠とした山城の一つ

秋田県男鹿市

脇本城は一五世紀頃には城として機能していたと推定されるが、元亀《げんき》・天正《てんしょう》年間（一五七〇〜九二）前半には、安《あん》東愛季《どうちかすえ》が脇本城を改修して本拠を移したという。安東氏は愛季の代に勢力を伸ばした。豊臣《とよとみ》政権下では、愛季の二男実季《さねすえ》は湊《みなと》城を居城としたが、慶長《けいちょう》五年（一六〇〇）の関ヶ《せきが》原《はら》の戦い後に常陸宍戸《ひたちししど》五万石へ国替えとなった。

日本海に面した男鹿《おが》半島の付け根にある丘陵に築かれた。城域は内館《うちだて》・馬乗り場を中心地区として、丘陵全体に広がっている。広大な曲輪《くるわ》や仕《し》切《き》り土塁《どるい》の残りがよく、雄大なスケール感を味わえる。

1 天下道
生鼻崎《おいばなざき》丘陵の北西尾根を上る大手道。内館を横断して城下町へ続く。

2 上空から望んだ脇本城跡
内館地区は海に面した南端に位置し、土塁で仕切られた主郭部《しゅかくぶ》もここに置かれていた。南方から見る。

3 内館地区の土塁
内部の主郭部などを仕切る豪壮な土塁。

主な遺構	内館地区・馬乗り場地区・兜ヶ崎地区などの曲輪群、土塁、堀など

別名	涌本城、生鼻城、太平城
城地種類	山城
築城年代	不明
築城者	不明
主要城主	安東氏、脇本氏、湊氏
文化財史跡区分	国指定史跡
近年の主な復元・整備	—
主な関連施設	男鹿市ジオパーク学習センター、寒風山回転展望台
スタンプ設置所	史跡脇本城跡案内所

＊追記（備考）／中腹の史跡脇本城跡案内所に、戦国時代の復元想像図を展示。併せてパンフレットも配布している。冬期の登城は積雪のため困難

No.107

秋田城《あきたじょう》

古代出羽北部の軍事・行政の中心地

秋田県秋田市

秋田城は出羽《でわ》北部の軍事・行政の中心となった古代城柵《こだいじょうさく》の一つで、奈良時代から平安時代前期にかけて機能を維持していた。しかし、元慶《がんぎょう》の乱（元慶二年［八七八］）、天《てん》慶《ぎょう》の乱（天慶二年［九三九］）で反乱を起こした俘囚《ふしゅう》の攻撃を受けるなどした。一〇世紀後半には機能が失われたと考えられている。

秋田城は秋田平野の西を流れる雄物《おもの》川河口付近の丘陵に築かれた。外郭《がいかく》の周囲と中心の政庁を築地塀《ついじべい》が囲い込む構造で、外郭の東西南北に城門が設けられた。復元された東門と築地塀が古代城柵の姿を偲ばせる。

1 秋田城古代水洗トイレ
建物と水洗施設が機能的に整備された全国にも類例のないトイレ。

2 秋田城中心部
東西94m、南北77mに区画された政庁域とも呼ばれる秋田城の中心部。正殿《せいでん》・脇殿《わきでん》などの建物があった。

3 秋田城外郭東門と築地塀
平成9年（1997）完成の東門と築地塀は創建期の頃の姿を復元した。手前に見えるのが古代沼。

主な遺構	遺構があった位置に、築地塀や門を復元している

別名	最北の古代城柵官衙（かんが）遺跡
城地種類	古代城柵
築城年代	天平5年（733）
築城者	律令国家
主要城主	—
文化財史跡区分	国指定史跡
近年の主な復元・整備	政庁域、大路、古代沼、寺院跡、古代水洗トイレなど
主な関連施設	秋田市立秋田城跡歴史資料館
スタンプ設置所	秋田市立秋田城跡歴史資料館 史跡公園管理棟（4月～11月）

＊追記（備考）／外郭東門は秋田城創建時の姿をコンセプトに、築地塀とともに古代最北の瓦葺き屋根による壮麗な外観を復元。秋田城跡史跡公園のシンボルとなっている。史跡公園管理棟、古代水洗トイレ内部の見学は4月～11月（9：00～16：00）

続日本100名城

No.108

鶴《つる》ヶ《が》岡《おか》城《じょう》

本丸・二の丸・三の丸からなる輪郭式縄張

山形県鶴岡市

武藤《むとう》（大宝寺《だいほうじ》）長盛《ながもり》が室町中期に築いた大宝寺城が、鶴ヶ岡城の前身である。戦国末期の大宝寺城は上杉《うえすぎ》方の支城として庄内《しょうない》地方の拠点となったが、慶長《けいちょう》五年（一六〇〇）の関ヶ原《せきがはら》の戦い後は最上《もがみ》義光《よしあき》の城となり、鶴ヶ岡城と改称された。最上氏の改易後は、酒井《さかい》氏が入って大改修を施す。酒井氏は代々領民に慕われ、明治維新まで続いた。

東は内《うち》川を境として南・西・北の三方に堀と土塁《どるい》を巡らした。本丸を二の丸が、二の丸を三の丸が「回」字状に囲む典型的な輪郭《りんかく》式の縄張《なわばり》である。土塁や石積《いしづみ》、二の丸の外堀などがよく残っている。

1 致道館《ちどうかん》
庄内藩の藩校。9代酒井忠徳《ただあり》の命で文《ぶん》化《か》2年（1805）に開校した。文化《ぶんか》13年（1816）、政治と教育の場の一致を図るため、三の丸内に移転された。

2 本丸御角櫓《おすみやぐら》跡
万治《まんじ》2年（1659）に本丸北西隅に二重櫓が建てられた。櫓台の石垣には、金《きん》峰《ぽう》山産出の花崗岩《かこうがん》が用いられた。

3 本丸の水堀
現存する鶴ヶ岡城の水堀は、本丸のほかに二の丸の西側と北側に残る。

1

2

3

主な遺構	本丸、土塁、石積、堀、藩校（致道館）、御隠殿（致道博物館）など

別名	大宝寺城、大梵寺城
城地種類	平城
築城年代	室町時代～江戸時代初期
築城者	武藤（大宝寺）氏、酒井氏
主要城主	武藤氏、上杉氏、最上氏、酒井氏
文化財史跡区分	—
近年の主な復元・整備	—
主な関連施設	致道博物館
スタンプ設置所	荘内神社社務所

＊追記（備考）／鶴岡公園内には「日本さくら名所100選」である約730本の桜や、つつじ、あやめなど四季折々を通して美しい花々が咲き揃う

米沢城《よねざわじょう》

直江兼続が改修した上杉氏の居城

山形県米沢市

米沢城は鎌倉時代に長井《ながい》氏が築いたと伝わる。戦国時代は伊達《だて》氏が本拠としたが、慶《けい》長《ちょう》三年（一五九八）には上杉《うえすぎ》氏重臣の直江兼続《なおえかねつぐ》の城となった。関ヶ原《せきがはら》の戦い後、主君の上杉景勝《かげかつ》が会津《あいづ》から大減封《だいげんぽう》のうえ米沢城へと移り、その後、兼続の大規模な改修工事によって、米沢城は近世城郭として整備され、明治維新まで存続した。

城は米沢盆地の南の扇状地《せんじょうち》に築かれ、本丸を二の丸、三の丸が輪郭《りんかく》式に囲む。本丸には城の象徴となる二基の御三《ごさん》階櫓《がいやぐら》が建てられた。現在、上杉謙信《けんしん》を祀る上杉神社があり、土塁《どるい》や水堀も残る。

1 上杉神社
祭神は上杉謙信《けんしん》。明治期に本丸跡に創建された。現在の建物は大正8年（1919）の大火後、大正12年（1923）に再建されたもの。

2 米沢城本丸空撮
本丸を北東上空から見下ろす。本丸北東隅と北西隅には、かつて御三階櫓が建てられていた。

3 菱門橋《ひしもんばし》
本丸南面の堀に架かる橋。藩主御殿の出入口で警戒は厳重であった。

1

2

3

主な遺構	本丸、堀、土塁など

別名	舞鶴城、松ヶ岬城
城地種類	平城
築城年代	暦仁元年（1238）？
築城者	長井時広？
主要城主	伊達氏、蒲生氏、上杉氏
文化財史跡区分	—
近年の主な復元・整備	—
主な関連施設	米沢市上杉博物館、上杉神社稽照殿
スタンプ設置所	米沢観光コンベンション協会観光案内所

続日本100名城

No.110

三春城《みはるじょう》

戦国期の山城が近世城郭として存続

福島県田村郡三春町

田村義顕《たむらよしあき》が永正《えいしょう》元年（一五〇四）に築いたとされる。田村氏は天正《てんしょう》十八年（一五九〇）、豊臣秀吉《とよとみひでよし》の奥羽仕置《おううしおき》によって改易された。三春城の地はその後、領主が変わるが、寛永《かんえい》五年（一六二八）に松下《まつした》長綱《ながつな》が入ると、城は近世城郭に改修される。長綱改易後に秋田《あきた》氏が入り、明治維新まで秋田氏の居城として存続した。

改修以前の三春城は、山頂本丸を中心に曲輪《くるわ》を配置した中世山城《やまじろ》であったと推定される。改修後は、本丸周囲の尾根に二の丸、三の丸が置かれ、山麓には侍屋敷が配置された。中世と近世の両方の城の姿を見ることができる。

1 明治戊辰役《ぼしんえき》三春藩烈士碑

三春藩の奥羽越列藩《おううえつれっぱん》同盟離脱が他藩に知られて、惨殺された（切腹ともいわれる）4藩士の慰霊碑。

2 本丸跡

戦国時代には山頂部の本丸に城主居館が置かれていたが、江戸時代に秋田氏の改修で居館は山麓に移転された。

3 蒲生《がもう》氏時代の石垣

奥羽仕置後、蒲生領であった時期の改修とみられる。

主な遺構	石垣、堀、土塁など

別名	舞鶴城
城地種類	山城
築城年代	永正元年（1504）
築城者	田村義顕
主要城主	田村氏、蒲生氏、松下氏、秋田氏
文化財史跡区分	町指定史跡
近年の主な復元・整備	本丸を中心に公園や散策路として整備
主な関連施設	三春町歴史民俗資料館
スタンプ設置所	本丸（ボックス設置） 三春町歴史民俗資料館

向《むかい》羽《は》黒《ぐろ》山《やま》城《じょう》

蘆名盛氏が築いた大規模な山城

福島県大沼郡会津美里町

会津《あいづ》の有力大名であった蘆《あし》名《な》盛氏《もりうじ》は永禄《えいろく》四年（一五六一）、向羽黒山城を築き始めたが、天正《てんしょう》二年（一五七四）に廃城となった。蘆名氏滅亡後の慶長《けいちょう》三年（一五九八）に会津に入った上杉景勝《うえすぎかげかつ》は向羽黒山城を大改修したともいわれる。だが、慶長五年（一六〇〇）の関ヶ原《せきがはら》の戦いの敗戦で上杉氏は米沢《よねざわ》へ移封《いほう》となり、向羽黒山城も破壊された。

会津盆地の南方、標高約四〇八mの岩崎《いわさき》山に築かれた山《やま》城《じろ》。山頂部に一曲輪《いちのくるわ》を置いて、尾根伝いに二曲輪、北曲輪など多数の曲輪を配置していた。現在残る遺構からも巨大な山城であったことがうかがえる。

1 一曲輪
山頂部にある一曲輪。本丸にあたる。ここからは会津盆地を一望することができる。

2 二曲輪虎口《こぐち》
二曲輪は一曲輪よりも広い平場で、北東側と西側に虎口が設けられている。

3 向羽黒山城跡遠景
城は岩崎山（写真右）から羽黒山（左）へ連なる。山頂に一曲輪、羽黒山へのびる尾根上に二曲輪、三曲輪などを配置。

主な遺構	一曲輪、二曲輪、堀、土塁、石積など

別名	岩崎城、巌館（いわたて）
城地種類	山城
築城年代	永禄4年（1561）
築城者	蘆名盛氏
主要城主	蘆名氏、伊達氏、蒲生氏、上杉氏
文化財史跡区分	国指定史跡
近年の主な復元・整備	自然公園として整備、東屋や展望台を設置
主な関連施設	向羽黒山城跡整備資料室（向羽黒ギャラリー）
スタンプ設置所	向羽黒山城跡整備資料室前

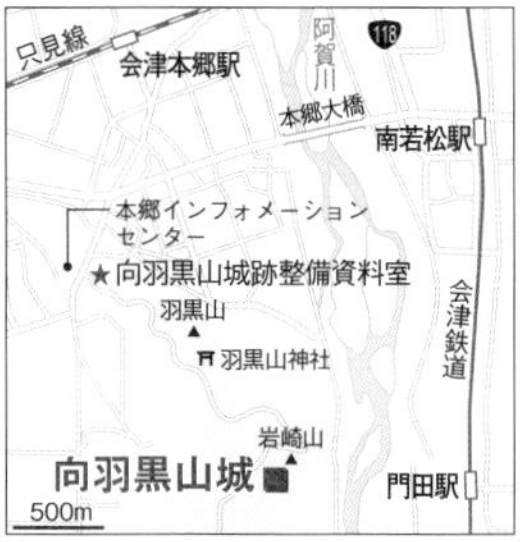

＊追記（備考）／向羽黒山城跡整備資料室は、4月中旬～12月上旬の土・日・祝日に開館（10:00～14:00）。問合せ（会津美里町教育委員会　0242-55-0344）。スタンプは終日押印可

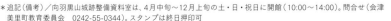

続日本100名城

No.112

笠《か》間《さま》城《じょう》

天守櫓と石垣を備えた天険の山城

茨城県笠間市

創建は鎌倉時代とされ、笠間氏が約三七〇年にわたって本拠とした。慶長《けいちょう》三年（一五九八）、この地を得た蒲生秀《がもうひで》行《ゆき》は重臣蒲生郷成《さとなり》を城代に配し、郷成の手で中世城郭から近世城郭に改修された。江戸時代になり、浅野《あさの》氏が山麓に下屋敷《しもやしき》を造営したが、山上の城も幕末まで存続した。

笠間城は佐白《さしろ》山の天険を利用した土造りの山城《やまじろ》であったが、蒲生氏により本丸北東には独立した天守曲輪《てんしゅぐるわ》が整備された。本丸には二重櫓《にじゅうやぐら》などが設けられ、その下方に二の丸や三の丸を配していた。天守曲輪には高さ約四mの石垣が残る。

1 本丸
本丸には御殿などが置かれていた。佐白山山頂付近に天守曲輪が設けられていた。

2 笠間城櫓（茨城県指定文化財）
本丸の八幡台《はちまんだい》にあった二重櫓。明治13年（1880）に真浄寺《しんじょうじ》に移築され、七面堂として使用されている。

3 天守曲輪の石垣
岩山の花崗岩《かこうがん》を利用した天守曲輪には、高さ約4mの石垣が築かれた。写真は東日本大震災による被災前。

1

2

3

主な遺構	天守曲輪、本丸、石垣、堀、土塁など

別名	桂城
城地種類	山城
築城年代	承久元年（1219）
築城者	笠間時朝
主要城主	笠間氏、蒲生氏、浅野氏、井上氏、牧野氏
文化財史跡区分	市指定史跡（本丸、天守曲輪）
近年の主な復元・整備	—
主な関連施設	—
スタンプ設置所	かさま歴史交流館 井筒屋

土浦城《つちうらじょう》

江戸中期に甲州流築城術で大改修

茨城県土浦市

室町時代中期に小田《おだ》氏の家臣菅谷《すげのや》氏が築いたといわれ、小田氏の支城となっていた。慶長《けいちょう》五年（一六〇〇）の関ヶ《せきが》原《はら》の戦い後は、主に譜代《ふだい》小藩の藩庁となった。松平信興《まつだいらのぶおき》時代の貞享《じょうきょう》二年（一六八五）に甲州流軍学《こうしゅうりゅうぐんがく》による築城術で大改修、現在の縄張《なわばり》が完成した。

周辺の湖沼などを巧みに生かした城で、三重四重に巡らされた水堀の中心に位置する本丸は、水に浮かぶ亀の姿にたとえられる。櫓門《やぐらもん》（太鼓《たいこ》門《もん》）は本丸にあるものとしては関東で唯一の現存遺構とされる。本丸東西に建つ二重櫓《にじゅうやぐら》は、かつて同所に現存したものを復元した。

1 西櫓
東櫓とともに本丸に建てられていた小規模な二重櫓。昭和24年（1949）の台風で損傷し解体されたが、平成3年（1991）に古建築法を用いて復元された。

2 土浦城櫓門（太鼓門）
本丸南東側正面にある櫓門。本丸に現存する櫓門としては関東の城では唯一のものである。左右の土塀《どべい》は平成19年（2007）に復元されたもの。

3 本丸の内堀
亀城《きじょう》公園の整備時に、土塁《どるい》の裾は石垣に改変されている。

主な遺構	本丸、二の丸、堀、土塁、櫓門、霞門、旧前川口門など

別名	亀城
城地種類	平城
築城年代	室町時代中期頃
築城者	菅谷氏？
主要城主	菅谷氏、松平氏、西尾氏、朽木氏、土屋氏
文化財史跡区分	県指定文化財
近年の主な復元・整備	西櫓、東櫓など
主な関連施設	土浦市立博物館
スタンプ設置所	土浦城東櫓

＊追記（備考）／土浦城東櫓は土浦市立博物館との共通券が必要（有料）

続日本100名城

No.114

唐沢山城《からさわやまじょう》

上杉謙信とも戦い戦国を生き延びた山城

栃木県佐野市

室町時代には佐野《さの》氏の居城であったと推測される。戦国時代、佐野昌綱《まさつな》は上杉謙信《うえすぎけんしん》に対して降伏と離反をくり返しながら、家の存続を図った。その後、佐野氏は北条《ほうじょう》氏に降《くだ》るが、天正《てんしょう》一八年（一五九〇）からは豊臣秀吉《とよとみひでよし》に従った。慶《けい》長《ちょう》五年（一六〇〇）の関ヶ原《せきがはら》の戦いでは徳川家康《とくがわいえやす》につき所領を安堵されるが、戦後、佐野城を築いて移り、唐沢山城は廃城となる。

唐沢山山頂に本丸を中心とした主郭《しゅかく》部を築き、天険を生かして尾根上に曲輪《くるわ》を連ねた連郭《れんかく》式の縄張《なわばり》。本丸には織豊《しょくほう》期のものと見られる見事な高《たか》石垣《いしがき》が築かれている。

1

1 四つ目堀
西にある西城《さいじょう》（天徳寺丸《てんとくじまる》）と東主郭部を分断する幅約9mの堀。

2 本丸の高石垣
本丸の西側に位置する二の丸から望む。本丸を囲んでいるのは関東地方の城では珍しく高さ8mを超える高石垣。

3 唐澤山神社
本丸跡には現在、唐澤山神社が建立されている。左右の大きな石は、かつて本丸虎口《こぐち》の威厳を高めていた鏡石《かがみいし》。

3

2

主な遺構	本丸、二の丸、石垣、堀、土塁など

別名	根小屋城、栃本城、牛ヶ城
城地種類	山城
築城年代	15世紀後半
築城者	佐野氏
主要城主	佐野氏
文化財史跡区分	国指定史跡
近年の主な復元・整備	—
主な関連施設	佐野市郷土博物館
スタンプ設置所	唐澤山神社社務所

名胡桃城《なぐるみじょう》…群馬県利根郡みなかみ町

沼田城の攻略拠点として真田氏が築城

武田《たけだ》氏家臣の真田《さなだ》氏は天正《てんしょう》七年（一五七九）に名胡桃城を築き、ここを足掛かりに北《ほう》条《じょう》・武田・上杉《うえすぎ》氏が争奪戦を展開していた沼田《ぬまた》城を占拠した。しかしその後、豊臣秀吉《とよとみひでよし》の仲裁を不服とする北条氏は名胡桃城へ侵攻し、秀吉の小《お》田《だ》原《わら》平定《へいてい》の引き金となる。戦後、沼田城は真田氏のものとされ、役割を終えた名胡桃城は廃城となった。

名胡桃城は、利根《とね》川と赤谷《あかや》川の合流地点南西の段丘上に築かれ、東西に細長く、ささ郭《ぐるわ》、本郭、二郭、三郭などの郭群が配置されていた。ささ郭からの利根川や沼田方面への眺望は素晴らしい。

1

2

3

1 名胡桃城址之碑
本郭跡に建っている徳富蘇峰《とくとみそほう》筆の城址碑。本郭はそれほど広い郭ではない。

2 空から見た城跡
南側上空から見下ろす。写真中央の一番広い郭が二郭、堀切《ほりきり》を挟んで左奥が三郭である。

3 二郭の堀切
写真奥側にある二郭と手前側の三郭の間に設けられた堀切。

主な遺構	本郭、二郭、三郭、ささ郭、堀、馬出など

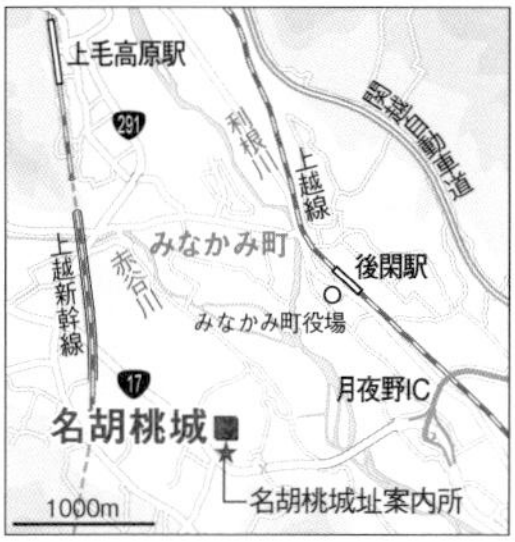

別名	—
城地種類	山城
築城年代	天正7年（1579）
築城者	真田昌幸
主要城主	真田氏
文化財史跡区分	県指定史跡
近年の主な復元・整備	門・建物跡を表示、喰違虎口、土塁、丸馬出を復元
主な関連施設	名胡桃城址案内所
スタンプ設置所	名胡桃城址案内所

続日本100名城

No.116

沼田城《ぬまたじょう》

沼田氏が築き真田氏が支配する

群馬県沼田市

　沼田城は天文《てんぶん》元年（一五三二）、沼田顕泰《あきやす》が築いたとされる。関東支配の重要拠点の城の一つと見なされた。上杉《うえすぎ》氏や北条《ほうじょう》・徳川《とくがわ》氏らの凌ぎあいを経て、武田《たけだ》臣下の真田《さなだ》氏の居城となった。真田氏は江戸時代以降も沼田城を維持し、後に分家が沼田藩として独立したが改易。元禄《げんろく》一六年（一七〇三）以降は譜代《ふだい》大名が交替で入封《にゅうほう》した。

　沼田氏時代の城の中枢部は、城の北西側の古城と呼ばれる部分であるといわれている。真田氏時代に本丸などを整備し、最盛時には本丸に五重天守と三重櫓《さんじゅうやぐら》をもつ城であった。本丸西側に豪壮な石垣が残る。

1 沼田城捨曲輪《すてぐるわ》からの眺望

標高差70～80mの河岸段丘《かがんだんきゅう》上にあり、名胡桃《なぐるみ》城跡や街道筋が一望できる。

2 西櫓台の石垣

本丸西側に残る石垣。江戸時代前期の「上野《こうずけ》国沼田城絵図」によれば、ここには二重櫓の姿が描かれている。

3 本丸堀跡

本丸を区画する堀跡。写真右側の石垣は現存である。

1

2

3

主な遺構	石垣、堀、土塁など

別名	蔵内城、倉内城、霞城
城地種類	平山城
築城年代	天文元年（1532）？
築城者	沼田氏
主要城主	沼田氏、真田氏、本多氏、黒田氏、土岐氏
文化財史跡区分	市指定史跡
近年の主な復元・整備	―
主な関連施設	―
スタンプ設置所	沼田市観光案内所

No.117

岩櫃城《いわびつじょう》

真田幸綱が苦杯をなめた関東三名城の一つ

群馬県吾妻郡東吾妻町

大永《たいえい》年間（一五二一〜二八）には斎藤《さいとう》氏が城主となり、吾《あが》妻《つま》郡一帯を支配したと伝える。岩櫃城攻略を武田信玄《たけだしんげん》に命じられた真田幸綱《さなだゆきつな》（幸隆《ゆきたか》）は堅城を攻めあぐねたが、得意の調略《ちょうりゃく》戦と奇襲で永禄《えいろく》八年（一五六五）に陥落させた。以後、岩櫃城は武田氏・真田氏の拠点となったが、慶長《けいちょう》一九年（一六一四）に廃城となった。

南西は岩櫃山、南は吾妻川へと下る急斜面、北は岩山に囲まれた天然の要害であった。尾根上に、雛壇《ひなだん》状に本丸、二の丸、中城《なかじろ》などの曲輪《くるわ》群が展開する。放射状に長くのびる竪堀《たてぼり》群や大規模な堀などが、広大な城域に構えられている。

1 竪堀
本丸と二の丸の間を走る竪堀は、城兵の移動に使われたともいう。

2 岩櫃城空撮
北東上空から見下ろす。岩櫃山の北東尾根上に曲輪を展開しており、中央が二の丸、上が本丸で、左が中城。

3 本丸跡の石碑
山城《やまじろ》の本丸は山頂にあるのが一般的だが、岩櫃城本丸は中腹にある。

1

2

3

主な遺構	本丸、二の丸、中城、堀、土塁、櫓台など

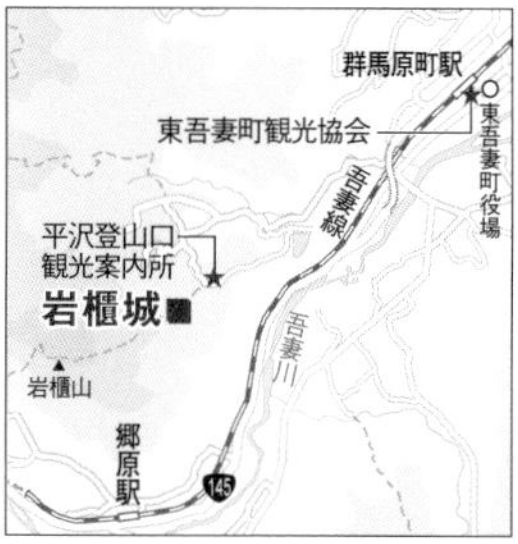

別名	—
城地種類	山城
築城年代	不明
築城者	不明
主要城主	斎藤氏、武田氏、真田氏
文化財史跡区分	国指定史跡
近年の主な復元・整備	—
主な関連施設	平沢登山口観光案内所
スタンプ設置所	平沢登山口観光案内所（4月〜11月） 東吾妻町観光協会（12月〜3月）

＊追記（備考）／険しい立地のため十分な用意が必要。12月1日〜3月31日までは登山困難のため、平沢登山口観光案内所は閉鎖。スタンプは東吾妻町観光協会で押印可能

続日本100名城

No.118

忍城《おしじょう》

難攻不落の忍の浮き城

埼玉県行田市

成田《なりた》氏が一五世紀に築城または改修したとされる。戦国時代には難攻不落の城として名を馳せ、上杉《うえすぎ》氏や北条《ほうじょう》氏の侵攻を何度も退けた。天正《てんしょう》一八年（一五九〇）の小田原《おだわら》平《へい》定《てい》では、石田三成《いしだみつなり》率いる二万三〇〇〇の軍勢に水攻めされたが、小田原城開城まで持ちこたえた。

忍城は湿地帯を利用した平《ひら》城《じろ》であり、豊かな水源に囲まれていた。沼地に点在する島は、中枢部の本丸や諏訪曲輪《すわぐるわ》、二の丸などとして城を構成していた。現在も水城《すいじょう》公園は満々と水を湛《たた》えて、「浮《う》き城《しろ》」と呼ばれた水城《みずじろ》の面影を伝えている。

1 本丸に残る土塁《どるい》
本丸西側に築かれた土塁の一部が現存。旧状がよく残されている。

2 忍城御三階櫓《ごさんがいやぐら》
本来は三の丸の南方に位置していた御三階櫓を昭和63年（1988）に、博物館に隣接して再建。周囲も城らしく整備された。

3 水城公園
外堀であった大沼《おおぬま》跡。現在も水城公園として満々と水を湛えている。

主な遺構	土塁、沼の一部（水城公園）

別名	—
城地種類	平城
築城年代	15世紀後半（文明11年〔1479〕以前）
築城者	成田氏
主要城主	成田氏、松平（東条）氏、松平（大河内）氏、阿部氏、松平（奥平）氏
文化財史跡区分	県指定旧跡
近年の主な復元・整備	本丸跡・諏訪曲輪跡を公園として整備、御三階櫓を再建
主な関連施設	行田市郷土博物館
スタンプ設置所	行田市郷土博物館（休館日は観光情報館ぷらっとぎょうだに設置）

杉山城《すぎやまじょう》

技巧的な縄張をした武蔵の山城

埼玉県比企郡嵐山町

杉山城は比企《ひき》郡にある中世山城《やまじろ》で、近接する菅谷館《すがややかた》跡・松山《まつやま》城跡・小倉《おぐら》城跡とともに国指定史跡「比企城館跡群《ひきじょうかんあとぐん》」となっている。築城年代、築城者とも諸説あるが、山内上《やまのうちうえ》杉《すぎ》氏が扇谷《おうぎがやつ》上杉氏に対抗して築城したという説が有力視されている。

小高い丘陵上に高低差を利用しながら、本郭《ほんぐるわ》を中心に三方向へ一一の郭群を展開している。土塁《どるい》や堀で造成された塁線《るいせん》や虎口《こぐち》には、屈曲・折れや枡形《ますがた》が施されて敵を側面攻撃しやすくするなど、至るところに防御の工夫がなされた。そうした実態を城跡で間近に見ることができる。

1 南三の郭の空堀《からぼり》
幾重にも折れ曲がった空堀が曲輪を巡っている。

2 杉山城跡空撮
比企丘陵中のあまり高くない丘の頂部を切り盛りして築かれている。技巧的な縄張《なわばり》は土造りの城の頂点といわれる。

3 本郭北側の切岸《きりぎし》と堀切《ほりきり》
北方からの敵に備える急斜面の切岸。裾部には堀切が設けられている。

1

2

3

主な遺構	本郭、南二の郭、東二の郭、北二の郭、堀、土塁、虎口など

別名	—
城地種類	平山城
築城年代	15世紀末～16世紀前半
築城者	不明
主要城主	山内上杉氏
文化財史跡区分	国指定史跡
近年の主な復元・整備	—
主な関連施設	—
スタンプ設置所	嵐山町役場

続日本100名城

No.120

菅谷館《すがややかた》

畠山重忠の館跡を山内上杉氏が再興

埼玉県比企郡嵐山町

　菅谷館は鎌倉幕府初期の有力御家人《ごけにん》であった畠山重忠《はたけやましげただ》の居館と伝える。重忠は元久《げんきゅう》二年（一二〇五）、執権北条《しっけんほうじょう》氏に謀反の嫌疑をかけられて討たれる。長享《ちょうきょう》二年（一四八八）頃に山内上杉《やまのうちうえすぎ》氏が菅谷館の跡地に城を再興して一六世紀前半頃まで拠点とした。

　菅谷城は都幾《とき》川と槻《つき》川の合流点北側の台地に築かれた平《ひら》城《じろ》で、付近を鎌倉街道が通っていた。本郭《ほんぐるわ》の北側に二ノ郭や三ノ郭が置かれ、土塁《どるい》と堀で防備を固めていた。本郭は中世の単郭《たんかく》式城郭の面影をとどめるが、曲輪《くるわ》や土塁の規模が大きいことや、横矢掛《よこやがかり》も施されているなど城郭に近い。

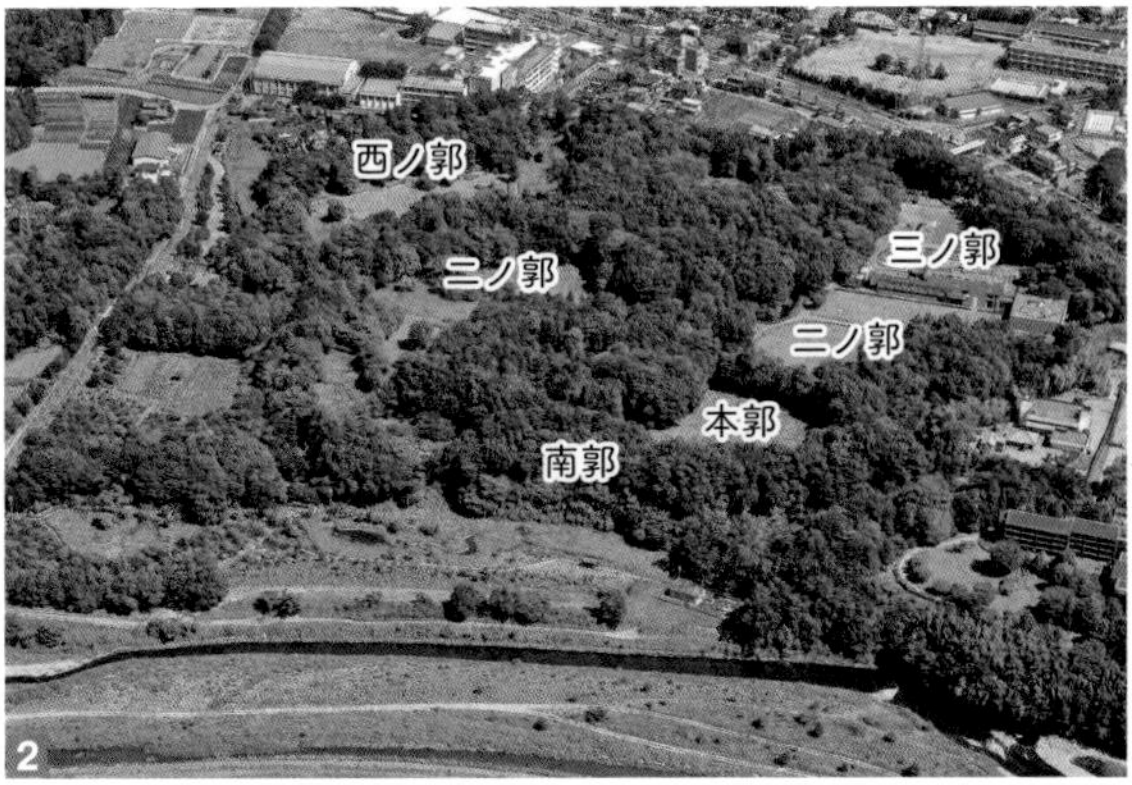

1 土塁と空堀《からぼり》
本郭の土塁と空堀。横矢掛が明瞭で、堀は深く広く、土塁は高い。

2 菅谷館跡空撮
うっそうとした木々の中に、二ノ郭、三ノ郭、西ノ郭などの曲輪群がある。三ノ郭跡には現在、博物館が建っている。

3 畠山重忠公像
菅谷館を築いた畠山重忠の像。二ノ郭の土塁上に建つ。

主な遺構	本郭、二ノ郭、三ノ郭、南郭、西ノ郭、堀、土塁、搦手門などの門跡

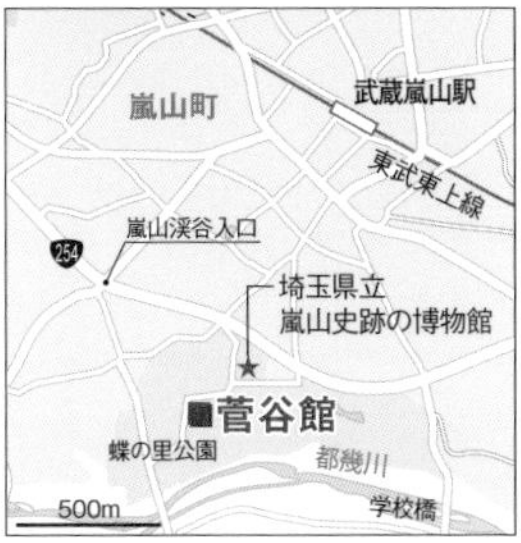

別名	菅谷城
城地種類	館（菅谷館）、平城（菅谷城）
築城年代	不明（平安時代末期か）
築城者	不明
主要城主	畠山重忠（ただし館主）、上杉顕定
文化財史跡区分	国指定史跡
近年の主な復元・整備	木橋、建物の柱（三ノ郭）
主な関連施設	埼玉県立嵐山史跡の博物館
スタンプ設置所	埼玉県立嵐山史跡の博物館展示室受付

続日本100名城

No.121

本佐倉城《もとさくらじょう》…千葉県印旛郡酒々井町、佐倉市

下総守護千葉氏が本拠とした巨城

鎌倉時代から下総守護《しもうさしゅご》を世襲してきた千葉《ちば》氏の当初の本拠は千葉城であったが、文明《ぶんめい》年間（一四六九～八七）に千葉輔胤《すけたね》が本佐倉城を築城して本拠を移した。城と城下は、三代勝胤《かったね》の時に最盛期を迎え、下総の中心地となった。しかし天正《てんしょう》一八年（一五九〇）、豊臣秀吉《とよとみひでよし》の小田原平定《おだわらへいてい》では北条《ほうじょう》氏に味方して滅亡した。

城は印旛《いんば》沼と湿地帯に三方を囲まれた要害であった。Ⅰ郭《いちくるわ》（城山）やⅡ郭（奥ノ山《おくのやま》）、Ⅲ郭、Ⅶ郭などからなる内郭《ないかく》群の南から西を、外郭《がいかく》群が大きく取り巻いていた。外郭は家臣団の屋敷地として、整備されたと考えられる。

1 Ⅲ郭とⅦ郭の間の空堀《からぼり》
左がⅢ郭（倉跡）、右がⅦ郭（セッテイ山）。堀の高低差は約10m。

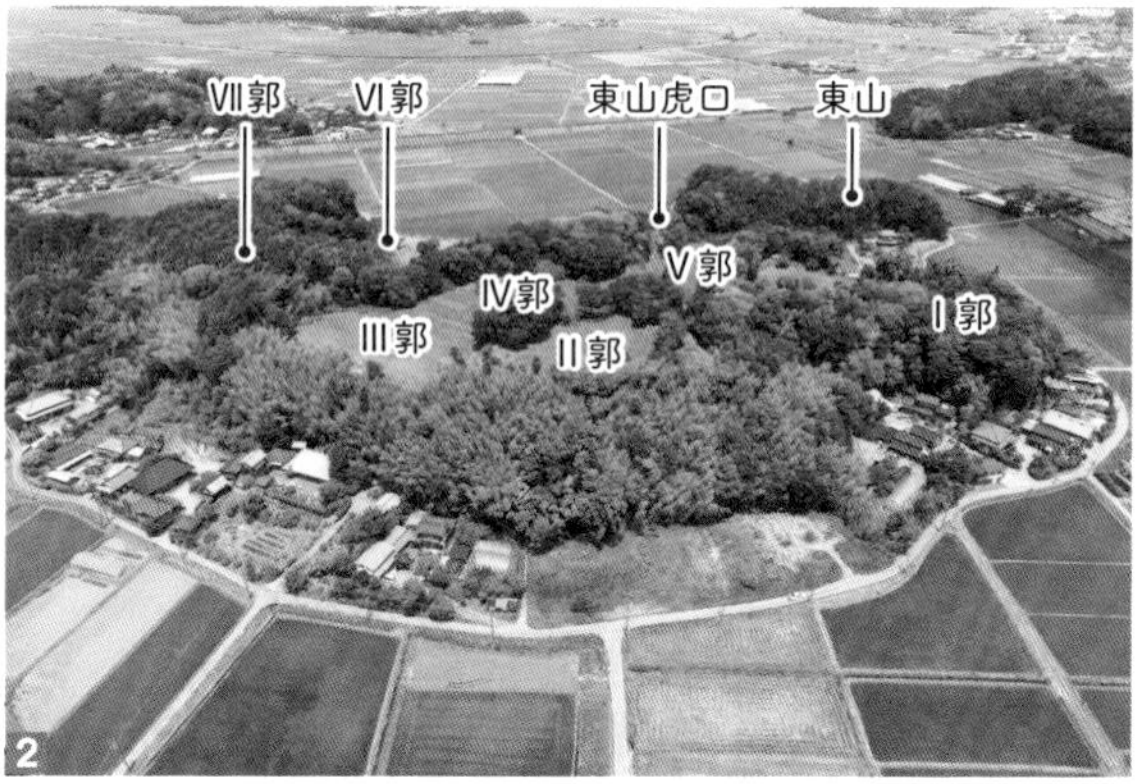

2 上空から望んだ本佐倉城跡
奥に広がる水田はかつての香取《かとり》の海。本佐倉城は香取の海を望む水上交通の要衝につくられた。

3 東山馬場の月星紋盾《げっせいもんたて》
東山・東山馬場（Ⅴ郭）に設置された千葉氏の家紋月星紋の盾。

主な遺構	内郭群（Ⅰ～Ⅶ郭）、外郭群（Ⅷ～Ⅹ郭）、堀、土塁、櫓台、虎口など

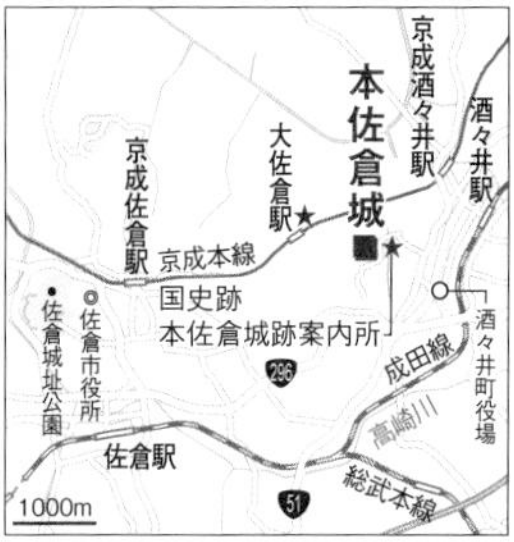

別名	将門山城
城地種類	平山城
築城年代	文明年間（1469～87）
築城者	千葉輔胤
主要城主	千葉氏
文化財史跡区分	国指定史跡
近年の主な復元・整備	駐車場、総合看板
主な関連施設	国史跡本佐倉城跡案内所
スタンプ設置所	国史跡本佐倉城跡案内所 京成本線大佐倉駅

続日本100名城

No.122

大多喜城《おおたきじょう》

……千葉県夷隅郡大多喜町

徳川四天王の一人、本多忠勝が大改修

室町時代末期に真里谷《まりやつ》（武《たけ》田《だ》）信清《のぶきよ》が築いた小田喜《おたき》城の跡地に、天正《てんしょう》一八年（一五九〇）の豊臣秀吉《とよとみひでよし》の小田原平定《おだわらへいてい》後、本多忠勝《ほんだただかつ》が大改修して大多喜城を築いたとされる。難破したスペイン船から漂着したドン・ロドリゴは慶長《けいちょう》一四年（一六〇九）に大多喜城下を訪れ、大多喜城が壮麗であったことを、ロドリゴの『日本見聞録《にほんけんぶんろく》』に記している。

南方の夷隅《いすみ》川に面した段丘《だんきゅう》部分を利用して、半島状の台地に本丸、二の丸、三の丸を配し、各曲輪《くるわ》間を空堀《からぼり》で区画して、三の丸の東と南を水堀が大きく囲んでいた。三重天守を模した博物館が建つ。

1

1 二の丸大井戸
本多氏の築城時に掘られたと伝える大井戸。当時から涸れたことがないといわれる。

2 城跡遠望
二の丸から大多喜城を望んだ景観。丘上の天守は昭和50年（1975）に博物館として建設された。

3 薬医門《やくいもん》
二の丸御殿の裏門と伝えられる。昭和期に二の丸内の県立大多喜高校に移築復元された。

3

2

主な遺構	堀、土塁、門、大井戸など

別名	小田喜城
城地種類	平山城
築城年代	16世紀前半
築城者	真里谷（武田）信清
主要城主	本多氏、松平氏
文化財史跡区分	県指定史跡
近年の主な復元・整備	本丸跡に天守を模した博物館を建設
主な関連施設	千葉県立中央博物館大多喜城分館
スタンプ設置所	千葉県立中央博物館大多喜城分館2階

＊追記（備考）／休館日は押印できない

滝山城《たきやまじょう》

一〇倍の兵力で侵攻した武田軍を防ぐ

東京都八王子市

滝山城は大永《たいえい》元年（一五二一）、武蔵守護代《むさししゅごだい》大石《おおいし》氏が築いて高月《たかつき》城から本拠を移したという。その後、北条氏照《ほうじょううじてる》が城主となり、永禄《えいろく》一〇年（一五六七）前に、滝山城の大改修を施したという。武田信玄《たけだしんげん》の侵攻にももちこたえたが、氏照はさらなる堅城を求めて八王子《はちおうじ》城を築いて移り、滝山城は廃城となった。

多摩《たま》川と秋《あき》川が合流する丘陵地形を利用して築かれた。氏照は本丸・中の丸・二の丸・千畳敷《せんじょうじき》などの曲輪《くるわ》群を配置し、馬出《うまだし》、枡形《ますがた》、横堀《よこぼり》などを設けて防御を固めた。堀や土塁《どるい》などがよく残り、巧みな縄張《なわばり》の実態を観察できる。

1 二の丸南西の横堀
二の丸を取り囲むように大規模な横堀を巡らし、馬出が配置されていた。

2 本丸と中の丸の間の堀切
本丸の南東側に付設された枡形虎口《こぐち》と中の丸の間は巨大な堀切で遮断され、かつては木製の引橋が架かっていたと伝わる。

3 滝山城を望む
現在は滝山自然公園となり、都内有数の桜の名所としてにぎわう。

主な遺構	本丸、中の丸、二の丸、堀、土塁、虎口、馬出など

別名	—
城地種類	平山城
築城年代	大永元年（1521）
築城者	大石定重
主要城主	北条氏
文化財史跡区分	国指定史跡
近年の主な復元・整備	—
主な関連施設	—
スタンプ設置所	滝山城跡中の丸

＊追記（備考）／AR滝山城跡アプリによる城跡案内あり

続日本100名城

No.124

品川台場《しながわだいば》

江戸湾海防計画で設けられた砲台

東京都港区

江戸時代後期の外国船来航事件の頻発により、海防のための台場設置の必要性が叫ばれた。嘉永《かえい》六年（一八五三）のペリー艦隊来航を受けて、伊豆《いず》韮山《にらやま》代官《だいかん》江川《えがわ》英龍《ひでたつ》による品川台場の造営工事が開始された。約一二基の台場が計画されたが、完成は六基のみで、一度も砲門が火を噴かぬまま明治を迎えた。

品川台場は純粋な軍事上の拠点であり、個々の台場内には砲台、玉置所《たまおきしょ》、玉薬《たまぐすり》置所、兵舎など必要最低限の施設が設けられた。玉置所は鉄製砲弾の格納庫で、砲台には佐賀《さが》藩などで鋳造した洋式大砲が配備されていた。

1 第三台場内部
内部は鍋底状の凹地で、陣屋・火薬庫などが設けられていた。

2 第三台場全景
レインボーブリッジ上から望む。砲台跡地を利用して昭和3年（1928）に台場公園として開園した。

3 砲台跡
台場公園内にはコンクリート製の砲《ほう》架《か》の実物大模型が展示されている。

主な遺構	石垣、土塁、砲台跡、かまど場、弾薬庫跡、陣屋跡

別名	品海砲台
城地種類	台場
築城年代	嘉永7年（1854）
築城者	徳川家慶・家定
主要城主	—
文化財史跡区分	国指定史跡
近年の主な復元・整備	第三台場は復旧工事を経て公園として開園
主な関連施設	—
スタンプ設置所	公園センター潮風公園管理事務所1階 お台場海浜公園マリンハウス受付（1階）・管理事務所（2階）

＊追記（備考）／第六台場は立ち入りできない。

続日本100名城
No.125

小机城《こづくえじょう》

長尾景春の乱で太田道灌と籠城戦を戦う

神奈川県横浜市

小机城の築城時期は定かではないが、少なくとも一五世紀には南武蔵《むさし》の軍事拠点であったことがうかがわれる。その後、武蔵国に進出した小田原北条《おだわらほうじょう》氏が、小机城を再構築していったと考えられる。天正《てんしょう》一八年（一五九〇）の豊《とよ》臣秀吉《とみひでよし》による関東侵攻後、徳《とく》川家康《がわいえやす》の関東入部に伴って廃城となった。

高さ約二〇mの台地上に、二つの曲輪《くるわ》からなる主郭《しゅかく》部がある。それぞれ西曲輪、東曲輪と呼ばれており、主郭部の周囲は北側を中心に幅広く深い空堀《からぼり》で囲まれている。大規模な空堀や土塁《どるい》は見ごたえがある。

1 つなぎ曲輪の土塁
東曲輪と西曲輪の間にあった南北に細長い小曲輪。土塁が現存する。

2 小机城址市民の森
東曲輪跡から西曲輪跡方向を望む。雑木林や竹林の中に空堀や土塁が残る。

3 西曲輪
西曲輪の南側部分。模擬復元された冠木門《かぶきもん》をくぐると広場となっている。

主な遺構	西曲輪、東曲輪、堀、土塁、虎口、馬出、櫓台など

別名	飯田城、根古屋城
城地種類	平山城（丘城）
築城年代	15世紀以前（推定）
築城者	不明
主要城主	笠原氏（城代）、北条氏
文化財史跡区分	—
近年の主な復元・整備	—
主な関連施設	横浜市城郷小机地区センター
スタンプ設置所	横浜市城郷小机地区センター

＊追記（備考）／横浜市城郷小机地区センターの休業日は、ホームページ（http://www.chikusen.ne.jp/kodukue/）に記載
駐車場がないため、公共交通機関を利用

続日本100名城

No.126

石垣山城《いしがきやまじょう》

神奈川県小田原市

豊臣秀吉が築かせた「一夜城」

天正《てんしょう》一八年（一五九〇）の小田原合戦《おだわらかっせん》に際して、豊臣秀《とよとみひで》吉《よし》の命で築城された。小田原城の南西約二・五kmに位置する笠懸《かさがけ》山の山頂に、八二日間という短期間で築かれた。北《ほう》条《じょう》氏方には一夜にして高石垣《たかいしがき》を備えた近世城郭が出現したように見えて、戦意をなくしたという。このことから「一《いち》夜《や》城《じょう》」の別名で知られる。

陣城《じんじろ》であるが、長期戦に備えた本格的な城郭であったという。最高部の本丸の周囲に西曲輪《にしぐるわ》、南曲輪、東に二の丸と井戸曲輪が配置される。石《いし》積《づみ》は近江《おうみ》の穴太衆《あのうしゅう》による野面《のづら》積《づみ》で、天守の有無は不明だが天守台跡も残る。

1

2

3

1南曲輪の石垣
今も、穴太衆により築かれた野面積の石垣が、本丸や南曲輪などの各所に残る。

2本丸展望台から小田原城を望む
豊臣秀吉の本陣として小田原城を見下ろす位置に築かれたため、現在でも小田原城天守閣や相模《さがみ》湾を一望できる。

3井戸曲輪
谷を石塁《せきるい》でふさいで井戸とした井戸曲輪の姿は圧巻である。

主な遺構	本丸、二の丸、井戸曲輪、堀、石垣など

別名	石垣山一夜城、一夜城
城地種類	山城
築城年代	天正18年(1590)
築城者	豊臣秀吉
主要城主	豊臣氏
文化財史跡区分	国指定史跡(石垣山)
近年の主な復元・整備	公園整備
主な関連施設	小田原城天守閣
スタンプ設置所	石垣山一夜城駐車場トイレ前

＊追記(備考)／国指定史跡名称は「石垣山」

新府城《しんぷじょう》

武田勝頼が背水の陣で築いた新城

山梨県韮崎市

天正《てんしょう》九年（一五八一）当時、甲斐《かい》の武田勝頼《たけだかつより》は北条氏政《ほうじょううじまさ》、徳川家康《とくがわいえやす》、織田信長《おだのぶなが》らの圧力と侵攻を受けて危地に立たされていた。勝頼は領国の防衛体制を強化するため、新たな本拠地となる新府城の築城を決定した。同年暮れに移ったが、翌天正一〇年（一五八二）には織田軍の侵攻を受け、自ら城に火を放ち逃れた。

新府城はほぼ一山全体を利用して構築され、山頂の本丸を中心に西側に二の丸、南側に西三の丸、東三の丸を配置していた。今も残る丸馬出《まるうまだし》や三日月堀《みかづきぼり》、枡形虎口《ますがたこぐち》、出構《でがまえ》などは武田流築城術の粋を見せてくれる。

1 丸馬出と三日月堀
城域南東端に構えられた南門の守備を固めた。

2 東出構
北の帯曲輪《おびぐるわ》にある突出した鉄砲陣地を「出構」と呼ぶ。

3 搦手《からめて》の堀
城の北西隅に位置する搦手周辺は、堀と土塁を築いて防備を固めていた。

1

2

3

主な遺構	本丸、二の丸、三の丸、堀、馬出、枡形、東出構、西出構など

別名	新館、御館韮崎、新城韮崎、お新府さん
城地種類	平山城
築城年代	天正9年（1581）
築城者	武田勝頼
主要城主	武田勝頼
文化財史跡区分	国指定史跡
近年の主な復元・整備	乾門（搦手）の土塁と礎石の復元、出構・井戸跡・大手丸馬出・三日月堀の整備
主な関連施設	韮崎市民俗資料館
スタンプ設置所	韮崎市民俗資料館

続日本100名城

No.128

要害山城《ようがいさんじょう》

武田氏館の詰城として築かれた山城

山梨県甲府市

永正《えいしょう》一六年（一五一九）、甲斐《かい》の武田信虎《たけだのぶとら》は石和《いさわ》の川田《かわだ》館から武田氏館へ居館を移し、その詰城《つめのしろ》として翌年、要害山城を築いた。武田氏滅亡後、甲府城が築かれると要害山城は廃城となった。なお、本城の国指定史跡名称は「要害山」が正式のものである。

城は山頂から西側斜面を中心に築かれており、西麓の登山口から山頂部の主郭《しゅかく》に至るまでの尾根伝いに堀切《ほりきり》と曲輪《くるわ》の出入口となる八つの門跡がある。東西にのびる尾根上に、各曲輪を一直線に配置した連《れん》郭《かく》式の縄張《なわばり》であった。曲輪を分断する堀切や枡形《ますがた》、石塁《せきるい》、竪土塁《たてどるい》などで防備していた。

1武田信玄公誕生之地の碑

主郭の北西部に建つ。麓の積翠寺《せきすいじ》にも産湯の伝説があり、誕生地の石碑がある。

2要害山遠望

椀を伏せたように丸みを帯びた稜線から丸山《まるやま》とも呼ばれる。見た目に反し、全体に傾斜が急な険しい山である。

3主郭

山頂に位置する主郭。周囲に築かれた土塁の一部が現存している。

主な遺構	主郭、不動曲輪、堀、石垣、虎口など

別名	要害城、積翠山（せきすいさん）城
城地種類	山城
築城年代	永正17年（1520）
築城者	武田信虎
主要城主	駒井氏
文化財史跡区分	国指定史跡（要害山）
近年の主な復元・整備	既設遊歩道沿いに看板の設置
主な関連施設	―
スタンプ設置所	甲府市藤村記念館

＊追記（備考）／武田氏館（躑躅が崎［つつじがさき］館）とともに戦国期の典型的な城郭造りとしての居館と詰城のセット関係が明確

龍岡城《たつおかじょう》

西洋軍学を採り入れた稜堡式城郭

長野県佐久市

文久《ぶんきゅう》三年（一八六三）、三《み》河奥殿《かわおくとの》藩主松平乗謨《まつだいらのりかた》（大給《おぎゅう》恒《ゆずる》）が、信濃田野口《しなのたのくち》への本領移転と陣屋《じんや》新築の許可を幕府から得て、翌元治《げんじ》元年（一八六四）に建設を開始したのが龍岡城である。西洋軍学に関心をもっていた乗謨は、稜堡《りょうほ》式城郭を設計し、慶応《けいおう》三年（一八六七）に西面・南西面の石垣を除き完成した。

日本に二つある星形の西洋式城郭のうちの一つ。稜堡の内部を内城《うちじろ》と呼び、御殿や火薬庫などが置かれた。稜堡の外側北辺には藩士屋敷、長屋などが置かれて外城《そとじろ》と呼ばれた。内城の星形の土塁《どるい》がはっきりと残る。

1 お台所
唯一の現存建築物だが、場所は本来あった位置から西に移動している。

2 龍岡城跡空撮
星形をした五稜郭《ごりょうかく》が内城であり、周囲に外城が築かれていた。右上部分は未完に終わったため堀ができていない。

3 稜堡の石垣
石垣は切込接《きりこみはぎ》の布積《ぬのづみ》と亀甲《きっこう》積が用いられている。

主な遺構	石垣、堀、石橋、お台所など

別名	龍岡城五稜郭
城地種類	平城
築城年代	元治元年(1864)～慶応3年(1867)
築城者	松平乗謨(大給恒)
主要城主	松平(大給)氏
文化財史跡区分	国指定史跡
近年の主な復元・整備	大手橋、東通用口木橋、堀
主な関連施設	五稜郭であいの館
スタンプ設置所	五稜郭であいの館

続日本100名城

No.130

高島城《たかしまじょう》

日根野高吉が築いた湖畔の城

長野県諏訪市

この地を領していた諏訪《すわ》社の神職諏訪氏は、武田《たけだ》氏、次いで徳川《とくがわ》氏に従って諏訪を離れた。替わって築城名手と名高い日根野高吉《ひねのたかよし》が入り、文禄《ぶんろく》元年（一五九二）から七年がかりで諏訪湖畔に高島城を築いた。日根野氏の移封《いほう》後、諏訪氏が復帰して明治維新まで家名と城を守り抜いた。

諏訪湖と湖に流れ込む川を巧みに防備に用いて、「浮城《うきしろ》」とも呼ばれた。北に大手を設け、そこから湖に張り出すように一直線に衣之渡郭《えのどぐるわ》、三之丸、二之丸、本丸を並べた。本丸には石垣を積み上げ、三重天守を建てた。復元された天守や櫓門《やぐらもん》、隅櫓《すみやぐら》が建つ。

1 城内から見た冠木門《かぶきもん》

絵図には「冠木門」と記されているが、櫓門として復興されている。ここは「冠木御門御免」を許された者しか通行できなかった。

2 天守南面

昭和期に再建された鉄筋コンクリート造の三重天守。古写真を基にして復元された。屋根は寒冷地対策として当時は柿葺《こけらぶき》であった。

3 隅櫓

本丸北東隅の二重櫓。櫓の西側と南側には土塀《どべい》がのびる。

主な遺構	本丸、石垣、堀など

別名	諏訪の浮城、島崎城
城地種類	平城
築城年代	文禄元年(1592)～慶長3年(1598)
築城者	日根野高吉
主要城主	日根野氏、諏訪氏
文化財史跡区分	市指定史跡
近年の主な復元・整備	天守閣を外観復元、敷地内の公園整備
主な関連施設	高島城(天守閣資料館)
スタンプ設置所	高島城(天守閣資料館)1階展示室内

No.131

村上城《むらかみじょう》

村上・堀氏が築いた総石垣造の平山城

新潟県村上市

室町時代にこの地を支配した本庄《ほんじょう》氏の築城と考えられる。その後、豊臣秀吉《とよとみひでよし》の命で上杉《うえすぎ》氏の支城となるが、慶長《けいちょう》三年（一五九八）には上杉氏に代わって村上頼勝《むらかみよりかつ》が入封《にゅうほう》し、近世城郭としての改修に着手した。江戸時代には堀《ほり》氏の代に大規模な改修が行われ、天守も新造されて城は完成した。

城は山上要害部と山麓居館部に分かれており、江戸時代以降は山麓に御殿・政庁機能が置かれた。居館部は山城《やまじろ》を背後の守りとして、三方を石垣と堀で囲み三重櫓《さんじゅうやぐら》などで防備を固めていた。天守台や門跡など山上に塁々と残る石垣は圧巻である。

1 天守台

城山の最高部を占める天守台。城下からもよく見える。

2 四ツ御門《よつごもん》跡の石垣

山上の二の丸と三の丸間にあった門。七曲道《ななまがりどう》と搦手《からめて》の道と北の三の丸から南の二の丸へ続く道が交差する十字路に建つ、四方向に扉のある変則的な櫓門《やぐらもん》であった。

3 山麓居館跡

周囲には堀と石垣が巡らされ、城主居館のほか多くの建物があった。

主な遺構	本丸、二の丸、三の丸、石垣、堀、土塁、虎口など

別名	舞鶴城、本庄城
城地種類	平山城
築城年代	16世紀初頭
築城者	本庄氏
主要城主	本庄氏、村上氏、堀氏、本多氏、松平氏、榊原氏、間部氏、内藤氏
文化財史跡区分	国指定史跡
近年の主な復元・整備	出櫓台石垣修復
主な関連施設	村上市郷土資料館、(一財)村上城跡保存育英会事務所
スタンプ設置所	村上市郷土資料館1階ロビー　東北電力村上電力センター正面入口　(一財)村上城跡保存育英会事務所

続日本100名城

No.132

高《たか》田《だ》城《じょう》

天下普請により四か月で築城

新潟県上越市

　慶長《けいちょう》一五年（一六一〇）、福島《ふくしま》城に入った徳川家康《とくがわいえやす》の六男松平忠輝《まつだいらただてる》は、慶長一九年（一六一四）から一三大名による天下普請《てんかぶしん》で高田城の築城を開始した。同年、高田城が完成すると福島城は廃城となった。しかし忠輝は元和《げんな》二年（一六一六）に改易される。その後、親藩《しんぱん》・譜代《ふだい》の藩主が入れ替わって幕末を迎えた。

　高田城は、高田平野の西部を流れる関《せき》川沿いの低丘陵に位置する。蛇行する関川の流れを変えて外堀とし、縄張《なわばり》はすべて大規模な土塁《どるい》で造成され、本丸、二の丸、三の丸が輪郭《りんかく》式に配置されていた。本丸土塁は築城時の威容を誇る。

1 内堀越しに見た本丸を囲う土塁
高田城では石垣は築かれず、広い堀と高い土塁で城を守っていた。

2 高田城三重櫓《やぐら》と桜
三重櫓は、平成5年（1993）に上越市が再建した。春は桜、夏は蓮が城跡を彩る。

3 外堀を彩る桜
城を囲む外堀は周囲約4㎞、面積約19haに及ぶ。背後は妙高《みょうこう》山。

1

2

3

主な遺構	本丸、二の丸、堀、土塁など

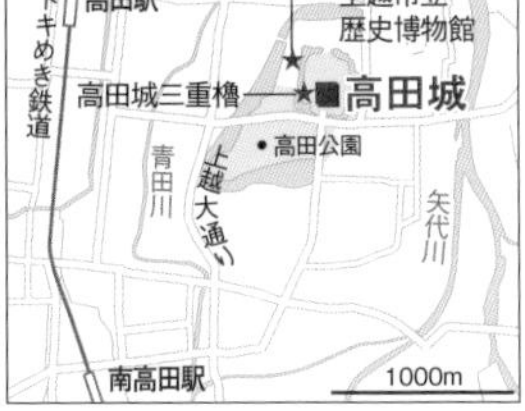

別名	高陽城、螺（ら）城、鮫ヶ城、関城
城地種類	平城
築城年代	慶長19年（1614）
築城者	松平忠輝
主要城主	松平氏、酒井氏、松平氏、松平氏、稲葉氏、戸田氏、松平（久松）氏、榊原氏
文化財史跡区分	県指定史跡
近年の主な復元・整備	三重櫓、極楽橋
主な関連施設	上越市立歴史博物館、高田城三重櫓
スタンプ設置所	上越市立歴史博物館 高田城三重櫓

＊追記（備考）／上越市立歴史博物館・高田城三重櫓は月曜日、祝日の翌日、年末年始休館

No.133

鮫《さめ》ヶ《が》尾《お》城《じょう》

御館の乱で上杉景虎が自刃した悲劇の城

新潟県妙高市

天正《てんしょう》六年（一五七八）、上《うえ》杉謙信《すぎけんしん》死後に起こった養子景《かげ》勝《かつ》と景虎《かげとら》の後継者争い（御館《おたて》の乱）で、景虎方が鮫ヶ尾城に立て籠もり、景虎が自刃したと伝える。築城年代は不明だが、発掘調査では一六世紀後半の遺物とともに、一六世紀以前とみられる遺物も出土、鮫ヶ尾城の原型となる城館の存在も指摘されている。

南葉山《なんばさん》から東にのびる支尾根に置かれた主郭《しゅかく》部を中心に、南側にのびる尾根筋を正面として自然地形を残さないように大小の曲輪《くるわ》や切岸《きりぎし》を連続的に造作している。尾根筋を断ち切る堀切《ほりきり》は長く、全長一〇〇mを超えるものも見られる。

1 大堀切
尾根筋からの敵の侵入に備え、大堀切で山腹まで完全に分断していた。

2 主郭
標高185mの丘陵頂上部にある。御館の乱で敗れた上杉景虎が立て籠もり、自刃して果てたという伝承が残る。

3 斐太《ひだ》神社
鮫ヶ尾城の北東麓にあり、上杉氏が城の鬼門鎮守《きもんちんじゅ》として崇敬したという。

1

2

3

主な遺構	主郭(本丸・二の丸・三の丸・道曲輪)、堀、切岸、虎口など

別名	宮内古城
城地種類	山城
築城年代	不明(16世紀)
築城者	不明
主要城主	堀江氏(城代)
文化財史跡区分	国指定史跡
近年の主な復元・整備	遊歩道整備、看板整備、修景伐採など
主な関連施設	斐太歴史の里総合案内所、斐太歴史民俗資料館
スタンプ設置所	斐太歴史の里総合案内所(4月～11月) 神の宮温泉かわら亭(12月～3月)

＊追記(備考)／廃城年：天正7年(1579)

続日本100名城

No.134

富山城《とやまじょう》

加賀百万石前田氏の分家の居城となる

富山県富山市

天文《てんぶん》一二年（一五四三）頃、越中《えっちゅう》西部の守護代《しゅごだい》神保長職《じんぼながもと》が築いたとされる。その後、諸勢力の争奪戦を経て、織田信《おだのぶ》長《なが》の家臣佐々成政《さっさなりまさ》が富山城を得た。信長の死後、成政は豊《とよ》臣秀吉《とみひでよし》と対立し、天正《てんしょう》一三年（一五八五）、富山城は破却された。江戸時代には加賀藩前《まえ》田《だ》氏の分家が富山城を居城として改修した。

四周を水堀と河川で二重に囲み、特に北面は神通《じんづう》川を守りとした後堅固《うしろけんご》の平城《ひらじろ》であった。本丸の南面に二の丸、東西に出丸《でまる》を構え、それらを三の丸で梯郭《ていかく》式に取り囲んだ。千歳御殿《ちとせごてん》の正門であった豪壮な千歳御門が残る。

1 鉄御門枡形《くろがねごもんますがた》の鏡石《かがみいし》
鏡石は見映えなどのために置かれた巨石。西面に一つ、東面と北面に各二つの計五つがある。

2 千歳御門
東出丸に営まれた千歳御殿の門であった。明治の廃城後に払い下げられたが、所有者の寄付により平成20年（2008）に城址公園内に修復移築された。

3 富山城模擬天守
彦根《ひこね》城や犬山《いぬやま》城などの現存天守を参考に昭和29年（1954）に建造された。

1

3

2

主な遺構	本丸、西出丸、石垣、堀、千歳御門など

別名	—
城地種類	平城
築城年代	天文12年（1543）頃
築城者	神保長職
主要城主	神保氏、佐々氏、前田氏
文化財史跡区分	—
近年の主な復元・整備	—
主な関連施設	富山市郷土博物館
スタンプ設置所	富山市郷土博物館

＊追記（備考）／本丸と西の丸部分が城址公園となっている。公園は常時開放

増山城《ますやまじょう》

軍神上杉謙信と戦った堅城

富山県砺波市

築城年代は不明。戦国時代になると畠山《はたけやま》氏家臣の神保《じんぼ》氏が越中《えっちゅう》の守護代《しゅごだい》となった。神保氏は、上杉謙信《うえすぎけんしん》の越中侵攻を増山城に籠城して一度は撃退するも、再侵攻により落城。その後、佐々成政《さっさなりまさ》や前田《まえだ》氏の所領となるが、慶長《けいちょう》年間（一五九六〜一六一五）に廃城となった。

増山城は北西に一ノ丸、最高所に城の中心となる広大な二ノ丸があり、三ノ丸や無常《むじょう》と呼ばれる曲輪《くるわ》で防御されていた。二ノ丸の周囲には幾重にも空堀《からぼり》が造成されており、北東には安室屋敷《あぢちやしき》という曲輪が置かれていた。見事な大堀《ほり》切《きり》が残る。

1 大堀切
城の中心部の北側と南側に存在する、増山城の象徴的な遺構である。

2 増山城遠景
和田《わだ》川の対岸から望む。麓にはかつて侍屋敷《さむらいやしき》と称される区画および城下町の下町があったが、ダム建設により水没してしまった。

3 馬之背《うまのせ》ゴ
一ノ丸の西方にL字形の長大な土塁《どるい》を伴う曲輪。南側に櫓台《やぐらだい》状の張出《はりだし》を設けている。

主な遺構	一ノ丸、二ノ丸、三ノ丸、安室屋敷、池ノ平等屋敷、馬之背ゴ、堀など

別名	和田城
城地種類	山城
築城年代	貞治元年(1362)以前
築城者	二宮円阿
主要城主	桃井氏、斯波氏、神保氏、上杉氏、織田氏、佐々氏、前田氏、中川氏
文化財史跡区分	国指定史跡
近年の主な復元・整備	冠木門
主な関連施設	増山陣屋
スタンプ設置所	砺波市埋蔵文化財センター

＊追記(備考)／砺波市埋蔵文化財センターは、庄東小学校敷地内(砺波市頼成566)。休館日は月曜、祝日(月曜の場合は火曜も休館)、第3日曜、年末年始(12月29日〜1月3日)。休館日でもスタンプは押印可能。砺波駅からバスで約20分「北明太子堂(きためたいしどう)」下車すぐ

続日本100名城

No.136

鳥越城《とりごえじょう》

石川県白山市

加賀一向一揆の最後の抵抗拠点となった城

天正《てんしょう》年間（一五七三〜九二）、加賀《かが》一向一揆《いっこういっき》の軍事拠点の一つとして鈴木出羽守《すずきでわのかみ》が築城したと伝わる。織田《おだ》軍団は天正四年（一五七六）までに越前《えちぜん》一国を平定した。一方、一揆衆は上杉謙信《うえすぎけんしん》と結んで徹底抗戦したが、天正八年（一五八〇）に城は落城した。

城は北流する手取《てどり》川と大日《だいにち》川に挟まれた丘陵先端部を利用して築かれた。山頂の尾根筋を土塁《どるい》や堀切《ほりきり》で仕切りながら、本丸を中心に九つの曲輪《くるわ》（中の丸、前《まえ》二の丸、前三の丸、後《うしろ》二の丸、後三の丸など）で構成されている。櫓門《やぐらもん》と高麗《こうらい》門《もん》からなる本丸の枡形門《ますがたもん》が復元されている。

1 上空から本丸を望む
前方が復元された枡形門。本丸内には礎石《そせき》建物と掘立柱《ほったてばしら》建物が平面表示されている。

2 鳥越城跡全景
南上空から見た城山。後方に白山《はくさん》を望む。

3 復元された本丸枡形門
本丸南側は南東に櫓門(中央)、その手前に石垣造の枡形を設け、さらに南西隅部を喰違《くいちがい》として高麗門(左端)を配置する枡形門で、厳重な守りであった。

主な遺構	本丸、中の丸、前二の丸、前三の丸、後二の丸、後三の丸、腰曲輪、堀、櫓台、枡形門跡など

別名	別宮(べっく)城
城地種類	山城
築城年代	天正8年(1580)以前
築城者	鈴木出羽守
主要城主	鈴木氏
文化財史跡区分	国指定史跡
近年の主な復元・整備	本丸の礎石建物、枡形門、中ノ丸門、柵列などを復元
主な関連施設	白山市立鳥越一向一揆歴史館
スタンプ設置所	白山市立鳥越一向一揆歴史館

No.137

福《ふ》井《い》城《じょう》

家康の二男結城秀康が築城した巨城

福井県福井市

天正《てんしょう》三年（一五七五）、越《えち》前北庄《ぜんきたのしょう》を与えられた柴田勝家《しばたかついえ》が築いた北庄城が福井城の前身である。北庄城は天正一一年（一五八三）に焼失した。その後、慶長《けいちょう》六年（一六〇一）に徳川家康《とくがわいえやす》の二男結城秀康《ゆうきひでやす》がこの地に入って、翌年から五年がかりで北庄城を拡張して新たな城を築いたのである。三代松平忠昌《ただまさ》の時に、地名は「福居《ふくい》（のちの福井）」と改名された。

秀康が大改修した福井城は広大な城域に四重五重に水堀を巡らし、輪郭《りんかく》式の縄張《なわばり》を構えていた。本丸北西隅に残る天守台上に四重五階の天守が築かれていた。

1 天守台
越前特有の笏谷石《しゃくだにいし》を用いた切込接《きりこみはぎ》の布積《ぬのづみ》の石垣。

2 本丸石垣と内堀
石垣は高さ約7m、堀は幅約30mを誇る。その威容は在りし日の城の面影をとどめる。

3 御廊下橋《おろうかばし》
平成20年（2008）に復元された屋根付きの橋。本丸と西三の丸をつなぐ、藩主の登城用の格式高い橋であった。右端の白壁の建物は平成30年（2018）に復元された山里口御門《やまざとぐちごもん》。

主な遺構	本丸、水堀、石垣、天守台など

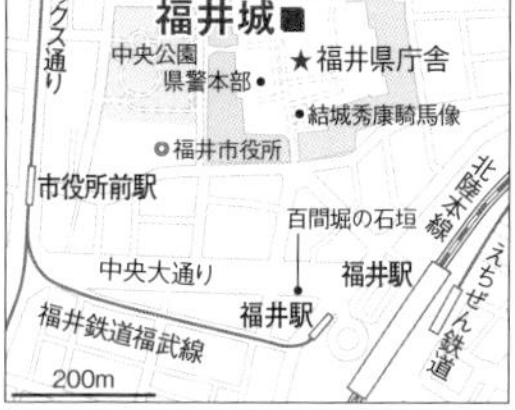

別名	北庄城、福居城
城地種類	平城
築城年代	慶長6年（1601）
築城者	結城秀康
主要城主	結城氏、松平氏
文化財史跡区分	―
近年の主な復元・整備	御廊下橋、福の井（井戸）、山里口御門
主な関連施設	―
スタンプ設置所	福井県庁舎1階受付

続日本100名城

No.138

越《えち》前《ぜん》大《おお》野《の》城《じょう》

……福井県大野市

山頂の天守曲輪に建っていた大小の天守

天正《てんしょう》三年（一五七五）に越《えち》前《ぜん》大野《おおの》に入った織田信長《おだのぶなが》家臣の金森長近《かなもりながちか》は、亀《かめ》山に大野城を築いて領国支配の本拠とした。その後城主交代があり、江戸時代に入ると大野藩として独立。天和《てんな》二年（一六八二）に譜代《ふだい》の土井利房《どいとしふさ》が城主となり、以後、幕末まで土井氏の藩主が続いた。

山上に本丸を、東山麓には二の丸を置き、その東と南に三の丸が配置された梯郭《ていかく》式の縄張《なわばり》であった。本丸の中心に天守台を置き、その上に大天守、小天守、天狗之間《てんぐのま》からなる館風天守が建っていた。現在は推定復元された大天守と小天守が建つ。

1 天守台の石垣
野面積《のづらづみ》の石垣。武者登《むしゃのぼ》りといわれる折れ曲がった石段を上がって天守に至る。

2 天守を望む
天守は安永《あんえい》4年（1775）に焼失し、寛政《かんせい》7年（1795）に再建。明治に入って天守などは取り壊されたが、絵図や同時代の城を参考に昭和期に鉄筋コンクリート構造で推定復元された。

3 金森長近像
金森長近は大野城を築城したほか、城下町の整備にも尽力した。

主な遺構	石垣、登城道（百間坂）、土塁、天守台、堀の一部など

別名	亀山城
城地種類	平山城
築城年代	天正3年（1575）以降
築城者	金森長近
主要城主	金森氏、松平氏、土井氏
文化財史跡区分	県指定文化財
近年の主な復元・整備	天守
主な関連施設	越前大野城
スタンプ設置所	越前大野城1階

＊追記（備考）／12月～3月の冬期は越前大野城が休館となるため、スタンプは「武家屋敷旧内山家」に設置

佐《さ》柿《がき》国《くに》吉《よし》城《じょう》

朝倉氏の侵攻を退けた国境の城

……福井県三方郡美浜町

弘治《こうじ》二年（一五五六）に若《わか》狭守護《さしゅご》武田《たけだ》氏の重臣粟屋勝久《あわやかつひさ》が築城したと伝わる。永禄《えいろく》六年（一五六三）以降、越前《えちぜん》の朝倉《あさくら》氏の若狭侵攻をたびたび撃退して、難攻不落を誇った。その後、天正《てんしょう》一一年（一五八三）には豊臣秀吉《とよとみひでよし》の家臣木村《きむら》定光《さだみつ》が城主となり城下町などを整備するが、江戸時代初期に廃城となった。

平時の山麓の居館の背後に戦時の山上の詰城《つめのしろ》をもつ、典型的な中世山城《やまじろ》。山城部は山頂に本丸、中腹に伝二ノ丸（出丸《でまる》）を配し、北西にのびる尾根にも曲輪《くるわ》を置いていた。居館正面や本丸には石垣を設けていた。

1 伝二ノ丸の喰違虎口《くいちがいこぐち》
城内唯一の高土塁《たかどるい》。曲輪中央部で喰い違いに交差し虎口を形成する。

2 南から望んだ佐柿国吉城跡
山麓に見える段状になっている部分が城主の居館跡で、その下部には石垣も確認できる。改修によって石垣を備えた城へと変わっていったことがうかがえる。

3 城山空撮
南方上空から見下ろす。山頂部が本丸で、写真下側が城主居館跡。

主な遺構	本丸・伝二ノ丸・連郭群などの山上の曲輪群、山麓城主居館跡、石垣、堀、土塁、虎口など

別名	国吉城、佐柿城
城地種類	山城
築城年代	弘治2年(1556)頃
築城者	粟屋勝久
主要城主	粟屋氏、木村氏、堀尾氏、江口氏、浅野氏、松原氏、多賀氏
文化財史跡区分	町指定史跡
近年の主な復元・整備	城址碑、説明板、遊歩道、佐柿町奉行所書院座敷など
主な関連施設	若狭国吉城歴史資料館
スタンプ設置所	若狭国吉城歴史資料館

＊追記(備考)／資料館の入館は閉館の30分前まで。休館日は、資料館正面玄関横にスタンプ台を設置

続日本100名城

No.140

玄蕃尾城《げんばおじょう》

柴田勝家が構築した臨戦の城

……福井県敦賀市、滋賀県長浜市

天正《てんしょう》一一年（一五八三）三月、柴田勝家《しばたかついえ》は羽柴秀吉《はしばひでよし》と対決すべく玄蕃尾城に本陣を置き、周辺一帯に多くの陣城《じんじろ》を築かせた。四月に秀吉の軍勢が大垣《おおがき》に出陣した隙をついて勝家も攻撃にかかったが、秀吉軍の反撃にあい、総崩れとなって北庄城《きたのしょう》へ敗走した（賤ケ岳《しずがたけ》の戦い）。

北国《ほっこく》街道を見下ろす内中尾《うちなかお》山の山頂に位置していた。主郭《しゅかく》をはじめ主要な曲輪《くるわ》を南北に四つ並べて、主郭の前方・後方に馬出《うまだし》を合計二つ配置する縄張《なわばり》であった。戦後は再利用されなかったため、勝家本陣時代の遺構が良好に残る。

1 主郭入口の土橋
馬出側から土橋を望む。ここを通らなければ主郭へは行けない。

2 玄蕃尾城主郭
内中尾山の最高所にあり、東西約40m、南北約40mの方形に近い形をしている。

3 櫓台跡
主郭北東隅には物見櫓のような構造物が存在したと考えられている。

1

3

2

主な遺構	本丸（主郭）、虎口郭、堀、櫓台、馬出、虎口など

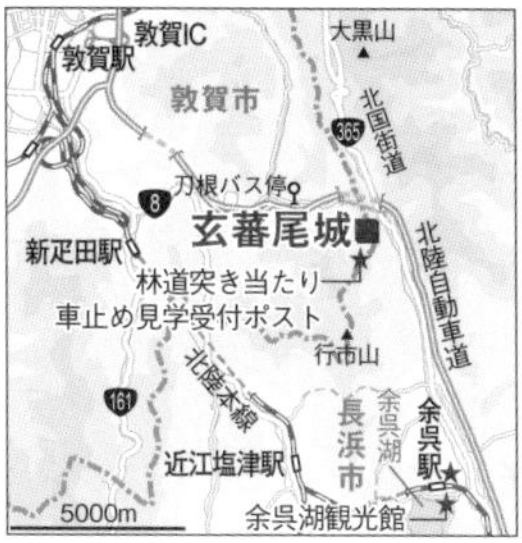

別名	内中尾山城
城地種類	山城
築城年代	天正年間（1573～93）
築城者	柴田勝家
主要城主	柴田氏
文化財史跡区分	国指定史跡
近年の主な復元・整備	—
主な関連施設	—
スタンプ設置所	林道突き当たり車止め見学受付ポスト（4月下旬～11月下旬） 余呉湖観光館　JR余呉駅

＊追記（備考）／冬期11月下旬～4月下旬の登城は困難。見学受付ポストに設置しているスタンプは、冬期のみ敦賀市役所文化振興課に設置

郡上八幡城《ぐじょうはちまんじょう》

中世の砦から近世の平山城へ

……岐阜県郡上市

永禄《えいろく》九年（一五六六）、郡上を統一した遠藤盛数《えんどうもりかず》の子慶《よし》隆《たか》が城を築いた。天正《てんしょう》一六年（一五八八）、慶隆は豊臣秀吉《とよとみひでよし》に左遷され、城は新城主の稲《いな》葉《ば》貞通《さだみち》により近世城郭として大改修が加えられた。慶隆は慶長《けいちょう》五年（一六〇〇）の関《せき》ヶ《が》原《はら》の戦いで東軍に与《くみ》し、旧領を回復した。江戸時代は宝暦《ほうれき》騒動以後、青山《あおやま》氏が七代続いて幕末を迎えた。

築城時には山頂の要害部分と山麓の居館部分からなる中世の山城《やまじろ》であったが、稲葉氏の改修で中腹に二の丸が設けられ、江戸時代には二の丸は政庁機能をもつ御殿を中心とする本丸となった。

1 松の丸西側の石垣
中央部分に現代の積み直しもあるが、周囲の石垣は往時の姿をとどめる。

2 城跡に建つ四重模擬天守
絵図などの史料では、往時の天守は三重であった。現在見られるのは昭和8年（1933）に築造された日本最古の木造模擬天守。

3 山内一豊《やまうちかつとよ》と妻の像
一豊の妻千代《ちよ》が遠藤盛数の娘という説から本丸跡に建立された。

主な遺構	本丸（旧二の丸）、松の丸、桜の丸、石垣など

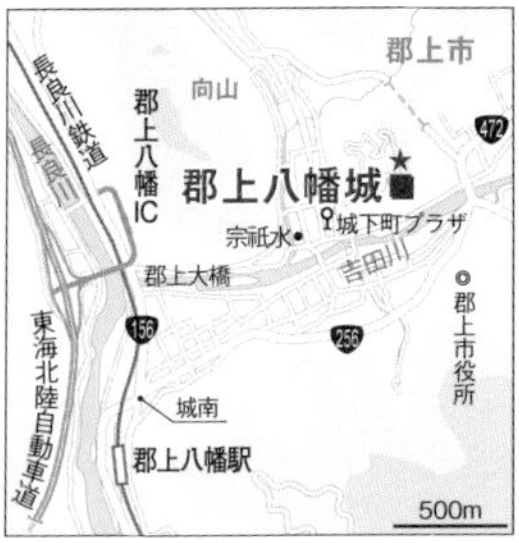

別名	積翠城
城地種類	山城
築城年代	永禄9年（1566）
築城者	遠藤慶隆
主要城主	遠藤氏、稲葉氏、井上氏、金森氏、青山氏
文化財史跡区分	県指定史跡、市指定有形文化財1件
近年の主な復元・整備	天守、隅櫓、高塀を再建
主な関連施設	郡上八幡城
スタンプ設置所	郡上八幡城1階

＊追記（備考）／山頂と中腹（城山公園）に無料駐車場あり

続日本100名城

No.142

苗《なえ》木《ぎ》城《じょう》

遠山氏が築き、奪回し、守り抜く

岐阜県中津川市

苗木城は大永《たいえい》六年（一五二六）、遠山一雲入道昌利《とおやまいちうんにゅうどうまさとし》が築き、子の景徳《かげやす》が住んだ。その後城は森長可《もりながよし》に落とされるが、関ヶ原《せきがはら》の戦いの直前、遠山友《とも》政《まさ》は徳川家康《とくがわいえやす》の命で城を奪還した。その功で一万石の大名となり、幕末まで国替えすることなくここを治めた。

木曽《きそ》川の流れを天然の水堀とし、高森《たかもり》山の山頂部に本丸、一段下がったところに二の丸、三の丸と続く。随所に露頭する岩盤と石垣を組み合わせて、天守や櫓《やぐら》などの建物は崖から斜面に突き出す懸造《かけづくり》で築いていた。この規模の城では例のないほど大量の石垣を用いていることも特徴である。

1 天守台から見た大矢倉《おおやぐら》跡
17世紀半ばに新造された大矢倉は、苗木城内最大の建物であった。

2 苗木城遠望
木曽川に突出した急峻な高森山（標高約432m）に築かれた天然の要害であり、岩盤と組み合わせた石垣はほぼそのまま現存する。

3 天守台（天守展望台）
迫力ある天守台は、山頂に露頭する巨大な岩盤を土台として築かれていた。

主な遺構	本丸、二の丸、三の丸、石垣、天守台など

別名	霞ヶ城、赤壁城、高森城
城地種類	山城
築城年代	大永6年（1526）
築城者	遠山一雲入道昌利
主要城主	遠山氏
文化財史跡区分	国指定史跡
近年の主な復元・整備	石垣の修復整備、史跡見学ルート・展望台の整備など
主な関連施設	中津川市苗木遠山史料館
スタンプ設置所	中津川市苗木遠山史料館

No.143

美濃金山城《みのかねやまじょう》

東美濃支配の拠点となった森氏の居城

……… 岐阜県可児市

天文《てんぶん》六年（一五三七）、美《み》濃《の》の守護代《しゅごだい》一族である斎藤妙《さいとうみょう》春《しゅん》（正義《まさよし》）が築城した烏峰《うほう》城がルーツとされる。やがて尾《お》張《わり》の織田信長《おだのぶなが》が美濃を支配したのに伴い、信長家臣の森《もり》氏が城主となった。慶長《けいちょう》五年（一六〇〇）に石川《いしかわ》氏の預かりとなり、翌年に建物は解体されて犬山《いぬやま》城の改修に使われた。

標高約二七六mの古城《こじょう》山の山頂に築かれた山城《やまじろ》であった。天守台を山頂の本丸北東隅に配置し、本丸を中心に左翼と右翼に広がるような形で、二の丸や三の丸が配置されていた。本丸は総石垣、その他の曲輪《くるわ》でも部分的ながら石垣が用いられていた。

1 本丸の建物の礎石《そせき》
本丸の半分近くを御殿や櫓《やぐら》などの建物が占めていたと推定されている。

2 美濃金山城遠望
古城山南側の眺望。美濃金山城は北側を木曽《きそ》川が流れ、南側を中山道《なかせんどう》が通る交通と流通の要所に位置していた。

3 山麓部の曲輪を巡る石垣
山麓に設けられた曲輪は、高さ約6mの石垣が40m以上続いており、圧巻である。

1

3

2

主な遺構	本丸、二の丸、石垣、土塁、切岸など

別名	烏峰城
城地種類	山城
築城年代	天文6年（1537）
築城者	斎藤妙春
主要城主	森氏
文化財史跡区分	国指定史跡
近年の主な復元・整備	―
主な関連施設	可児市戦国山城ミュージアム
スタンプ設置所	可児市観光交流館

続日本100名城

No.144

大《おお》垣《がき》城《じょう》

関ヶ原の戦いで籠城戦の舞台となる

岐阜県大垣市

一六世紀、美濃《みの》西部に築かれた小規模な牛屋《うしや》城が前身とされる。永禄《えいろく》二年(一五五九)、氏家直元《うじいえなおもと》(卜全《ぼくぜん》)が入城して堀や土塁《どるい》を築き総構《そうがまえ》も構築して大規模な大垣城が誕生した。関ヶ原《せきがはら》の戦いでは西軍の陣が置かれ、激しい籠城《ろうじょう》戦を展開した。寛永《かんえい》一二年(一六三五)の戸田氏鉄《とだうじかね》入城以降は戸田氏が続いて明治維新を迎えた。

縄張《なわばり》の最大の特徴は豊富な水源を生かして、巨大な総構の中に水堀を三重・四重に巡らしていたことである。中心には連郭《れんかく》式に並ぶ本丸と二の丸があり、四重天守をはじめ三重櫓《さんじゅうやぐら》や二重櫓が建ち並んだ。

1 天守台の石垣
城内の石垣の大半は美濃赤坂《あかさか》の金生《きんしょう》山から切り出した石灰岩《せっかいがん》である。

2 戸田氏鉄銅像
大垣公園内にある。氏鉄は慶安《けいあん》2年(1649)までに城の改修を行った。

3 天守東面
天守は戦前まで現存していたが、戦災で惜しくも焼失した。写真は昭和34年(1959)に外観復元された天守。

主な遺構	石垣の一部

別名	巨鹿(きょろく)城、麋(び)城
城地種類	平城
築城年代	天文4年(1535)?
築城者	宮川安定?
主要城主	氏家氏、池田氏、羽柴氏、伊藤氏、戸田氏
文化財史跡区分	市指定史跡
近年の主な復元・整備	天守、艮櫓、乾櫓、西門、東門
主な関連施設	大垣城
スタンプ設置所	大垣城天守内

興国寺城《こうこくじじょう》

関東に王国を築いた北条氏旗揚げの城

静岡県沼津市

築城年代は定かではない。長享《ちょうきょう》元年（一四八七）に今川《いまがわ》氏の後継者を巡る対立を解決した伊勢盛時《いせもりとき》（北条早雲《ほうじょうそううん》）は興国寺城に入り、ここを拠点に伊豆《いず》に進出、その後は韮山《にらやま》城へ本拠を移した。江戸時代には徳川家康《とくがわいえやす》の家臣となっていた天野康景《あまのやすかげ》が興国寺藩を立藩するが、慶長《けいちょう》一二年（一六〇七）に改易《かいえき》され、城は廃城となった。

城は、愛鷹《あしたか》山南麓の尾根の先端部に築かれていた。本丸の南側に二の丸、三の丸が直線に並び、本丸の北側には石垣と伝天守台、そのさらに北側は大空堀《からぼり》で遮断された北曲《きたぐる》輪《わ》が配置されていた。

1 北曲輪の堀
北曲輪で検出された堀で、堀底に大きな段差が見られる。

2 本丸と周囲の土塁《どるい》
二の丸から本丸周辺の土塁を望む。土塁は一見戦国時代の造成のようだが、実際は江戸時代初期のものと考えられる。

3 伝天守台の礎石《そせき》建物跡
天守台と伝えられているが、瓦の出土が見られないため、近世城郭の天守のような建物は築かれなかった。

主な遺構	本丸、二の丸、三の丸、堀、土塁など

別名	杜若城
城地種類	平山城
築城年代	不明
築城者	不明
主要城主	北条氏、今川氏、武田氏、徳川氏、河毛氏、天野氏
文化財史跡区分	国指定史跡
近年の主な復元・整備	2025年度頃より復元整備を行う予定
主な関連施設	沼津市文化財センター
スタンプ設置所	穂見神社境内(興国寺城跡本丸内説明板横)　沼津市文化財センター 浮島地区センター・浮島市民窓口事務所

続日本100名城 No.146

諏《す》訪《わ》原《はら》城《じょう》

武田氏が築いた遠江侵攻の拠点の城

静岡県島田市

天正《てんしょう》元年（一五七三）、遠《とおと》江《うみ》侵攻を目論んだ武田勝頼《たけだかつより》が、東海道沿いのこの地に築城したという。武田軍は長篠《ながしの》の戦いで織田《おだ》・徳川《とくがわ》連合軍に大敗し、反攻に転じた徳川家康《いえやす》により諏訪原城も落城。徳川氏はこの城を拠点に武田軍に対抗したが、天正一〇年（一五八二）に武田氏が滅亡すると存在意義も薄れ、天正一八年（一五九〇）に廃城となった。

大井《おおい》川を背にして本曲輪《ほんぐるわ》を置き、その前面を二の曲輪が大きく取り巻く、後堅固《うしろけんご》の縄張《なわばり》である。最大の特徴であり、防御の中心となったのが丸馬出《まるうまだし》で、六つの馬出(現存)が虎口《こぐち》の前面を強固に守っていた。

1 外堀
二の曲輪の西側から南側にかけて、幅約15～25mの規模で掘削された外堀。

2 二の曲輪中馬出
二の曲輪前面には2か所の巨大な丸馬出を配する。中馬出はその一つで、馬出前面の三日月堀《みかづきぼり》は現状で長さ約100m、幅約20m、深さ約9mにもなる。

3 諏訪神社
勝頼の母は諏訪氏の出で、勝頼は築城にあたって諏訪神社を祀った。

1

2

3

主な遺構	本曲輪、二の曲輪、堀、土塁、馬出など

別名	牧野原城、牧野城、扇城
城地種類	山城
築城年代	天正元年(1573)、天正3年(1575)以降
築城者	武田勝頼、徳川家康
主要城主	室賀氏(城番)、牧野氏(城番)、松平氏(城番)、今川氏(城番)
文化財史跡区分	国指定史跡
近年の主な復元・整備	堀、門
主な関連施設	—
スタンプ設置所	諏訪原城ビジターセンター内入り口 諏訪原城ビジターセンター裏側パンフレット置場

高天神城《たかてんじんじょう》

徳川・武田が奪い合った要衝の城

静岡県掛川市

一六世紀初めには今川《いまがわ》氏の家臣福島《くしま》氏が城主となったと伝わる。福島氏の没落後は小《お》笠原《がさわら》氏が城主となり、桶狭間《おけはざま》の戦い後は徳川《とくがわ》氏に従う。高天神城は武田信玄《たけだしんげん》の攻撃にも耐えるが、後に子の勝頼《かつより》が攻略。だが、徳川氏が六つの砦を築いて包囲し、天正《てんしょう》九年(一五八一)、城兵は全員討ち死にし、城は廃城となった。

尾根の鞍部《あんぶ》(中くぼみの部分)の井戸曲輪《いどぐるわ》を境に東峰と西峰に分かれ、一城別郭《いちじょうべっかく》(二つの主郭《しゅかく》が補完し合って一つの城として機能する)の構造をもつ。断崖絶壁の地形を利用して、堀切《ほりきり》や土塁《どるい》などで防御を固めていた。

1 堀切
堂《どう》の尾《お》曲輪と袖《そで》曲輪の間の堀切。往時は上に木橋が架かっていた。

2 高天神城遠望
高天神城のある鶴翁《かくおう》山は標高約130mの急峻な小山であり、この山の形状から鶴舞《かくぶ》城という別名がつけられた。

3 本丸
北側から西側には土塁の高まりが残る。

主な遺構	本丸、二の丸、西の丸、堀、土塁など

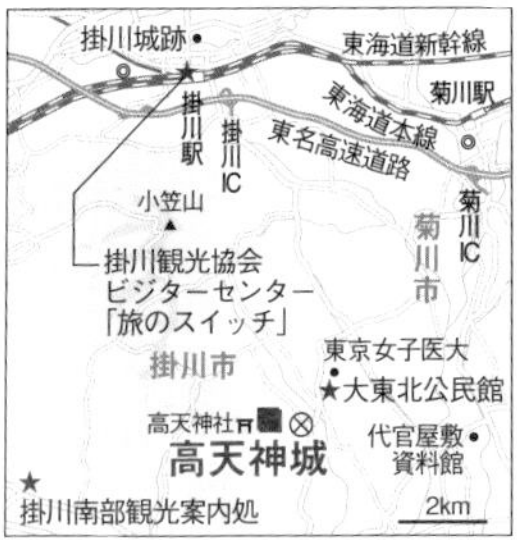

別名	鶴舞城、土方城
城地種類	山城
築城年代	不明。永正10年(1513)以前に福島氏が在城
築城者	不明
主要城主	福島氏、小笠原氏、横田氏(城番、軍監)、岡部氏(城代)
文化財史跡区分	国指定史跡
近年の主な復元・整備	—
主な関連施設	掛川市立大東図書館 郷土ゆかりの部屋
スタンプ設置所	大東北公民館　掛川南部観光案内処 掛川観光協会ビジターセンター「旅のスイッチ」

続日本100名城

No.148

浜松城《はままつじょう》

家康が遠江進出の拠点とした城

静岡県浜松市

今川《いまがわ》氏配下の飯尾《いのお》氏が守備していた引間《ひくま》城を、徳川家康《とくがわいえやす》が接収。家康は元亀《げんき》元年（一五七〇）に岡崎《おかざき》城から拠点を移し、浜松城と名を改め、大改修を施す。豊臣《とよとみ》政権下では堀尾吉晴《ほりおよしはる》が配置され、天守が築かれた。歴代城主は要職に就く者が多く「出世城」の異名がある。

最高所である北西部に天守《てんしゅ》曲輪《ぐるわ》を置き、東側に本丸、二の丸を一直線に並べ、その南側から東側を囲む広大な三の丸を配した。本丸石垣の野面《のづら》積《づみ》は荒々しい迫力にあふれている。また、天守曲輪周囲の石垣に施された屏風折《びょうぶおれ》も必見である。

1 本丸石垣
浜名湖北岸で産出する珪岩《けいがん》を主体とする石材を積み上げた野面積の石垣。

2 徳川家康像
本丸に建つ「若き日の徳川家康」の像。手にしているのは兜《かぶと》の前立《まえだて》。

3 天守曲輪
復興天守は往時の3分の2ほどの面積で築かれており、近年、手前の天守門が復興された。

主な遺構	天守曲輪、本丸、石垣など

別名	出世城
城地種類	平山城
築城年代	元亀元年（1570）
築城者	徳川家康
主要城主	徳川氏、堀尾氏、松平（桜井）氏、水野氏、高力氏など
文化財史跡区分	市指定史跡
近年の主な復元・整備	天守、天守門
主な関連施設	浜松城天守閣
スタンプ設置所	浜松城天守門入口

小牧山城《こまきやまじょう》

美濃攻めを目指した織田信長が築く

愛知県小牧市

永禄《えいろく》六年（一五六三）に織《お》田《だ》信長《のぶなが》が築き、美濃《みの》侵攻をくり返した。永禄一〇年（一五六七）に稲葉山《いなばやま》城を陥落させると、これを岐阜《ぎふ》城と改名して入城し、小牧山城は廃城となる。天正《てんしょう》一二年（一五八四）の小牧《こまき》・長久手《ながくて》の戦いでは、徳川家康《とくがわいえやす》が小牧山に本陣を敷き城を改修して、羽柴秀《はしばひで》吉《よし》と互角以上にわたり合った。

濃尾《のうび》平野の北東部、標高約八六mの小牧山に築かれた。東西約六〇〇m、南北約四〇〇mの山全体を城域とし、多くの曲輪《くるわ》から形成されていた。現在、信長最初の本格的築城の様子を示す石垣や、天正期の土塁《どるい》が山中に残っている。

1 小牧山城の土塁(天正期)
左側の堤防のように見える土の高まりが土塁。

2 小牧山城空撮
南東側上空から見る。二重の土塁の間に堀が配置され、外敵の侵入を防ぐようになっていた。遺構の保存状態は良好。

3 主郭《しゅかく》部付近の石垣跡(永禄期)
加工痕のない自然石が使われていた。

主な遺構 主郭、石垣、堀、土塁など

別名	火車輪(かしゃりん)城
城地種類	平山城
築城年代	永禄6年(1563)、天正12年(1584)
築城者	織田信長・信雄、徳川家康
主要城主	織田氏、徳川氏
文化財史跡区分	国指定史跡
近年の主な復元・整備	小牧山東～南の麓にかけて土塁、堀、曲輪を復元整備
主な関連施設	小牧市歴史館、小牧山城史跡情報館
スタンプ設置所	小牧市歴史館

続日本100名城

No.150

古宮城《ふるみやじょう》

武田氏が徳川攻略で築いた奥三河の城

愛知県新城市

江戸時代の文献に、元亀《げんき》二年（一五七一）から武田信玄《たけだしんげん》が築城させたとある。この時期、武田氏は徳川《とくがわ》領に侵攻しており、古宮城はその攻略拠点であったと考えられる。元亀四年（一五七三）の信玄の病没や、天正《てんしょう》三年（一五七五）の長篠《ながしの》・設楽原《したらがはら》の戦いの敗戦で武田氏は大きく衰退し、城も廃城になったと推定される。

城域は、巨大な堀切《ほりきり》で東側の大きな曲輪《くるわ》の主郭《しゅかく》、西側の二の丸（二の曲輪、馬出《うまだし》）に分割されている。武田氏の城に多く見られる枡形虎口《ますがたこぐち》も備える。丘陵地全体を巡る縄張《なわばり》がほぼ完全に残り、武田氏の高度な城づくりを実感できる。

1 二の丸（二の曲輪）を囲む土塁《どるい》
土塁上部を歩くことができるほど幅広で、曲輪の四周を囲んでいた。

2 古宮城遠望
南西より城跡を望む。城の三方が低湿地で囲まれ、現在も水田地帯が広がる。尾根続きには塞之神《さいのかみ》城が築かれた。

3 主郭大手口
高い土塁の中央部の途切れた箇所が大手口。

1

3

2

主な遺構	主郭、二の丸（二の曲輪）、堀、土塁、大堀切、枡形虎口など

別名	—
城地種類	平山城
築城年代	元亀2年（1571）
築城者	武田信玄
主要城主	小幡与一、小林与兵衛尉、玉虫助大夫定茂ら（番衆）
文化財史跡区分	市指定史跡
近年の主な復元・整備	—
主な関連施設	作手歴史民俗資料館、新城市設楽原歴史資料館
スタンプ設置所	作手歴史民俗資料館

＊追記（備考）／縄張は信玄が築城を命じた家臣、馬場信春のものとされる

続日本100名城

No.151

吉田城《よしだじょう》

争奪戦の後、徳川の城となる

愛知県豊橋市

永正《えいしょう》二年（一五〇五）に今《いま》川氏親《がわうじちか》が牧野古白《まきのこはく》に命じて築いた今橋《いまはし》城が前身とされる。周辺勢力による城の争奪戦がくり返されたが、氏親の子の義元《よしもと》の代には今川氏の城となり、吉田城と呼ばれた。義元の死後、徳川家康《とくがわいえやす》が奪い、酒《さか》井忠次《いただつぐ》を城主に配する。徳川氏の関東移封《いほう》後は、池田輝政《いけだてるまさ》が入城して近世城郭とした。

豊《とよ》川と朝倉《あさくら》川を北背後に、本丸を基点として二の丸、三の丸を配した、後堅固《うしろけんご》と呼ばれる半輪郭式縄張《はんりんかくしきなわばり》。本丸南側以外の石垣の一部は名古屋《なごや》城天下普請《てんかぶしん》で余った石材を転用したとされ、石に刻印が確認できる。

1 腰曲輪《こしぐるわ》

本丸の北側（手前）には腰曲輪が設けられ、西隅には三重の川手櫓《かわてやぐら》があった。

2 吉田城本丸

豊川対岸から望む。中央の鉄《くろがね》櫓は本丸北西隅の城内最大規模の三重櫓で、櫓入口の扉に鉄板が張られていた。昭和29年（1954）に模擬再建された。

3 二の丸御殿跡

政庁兼居館である表御殿と、藩主家族の住む御勝手《おかって》に分かれていた。

主な遺構	本丸、二の丸、三の丸、石垣、堀、土塁など

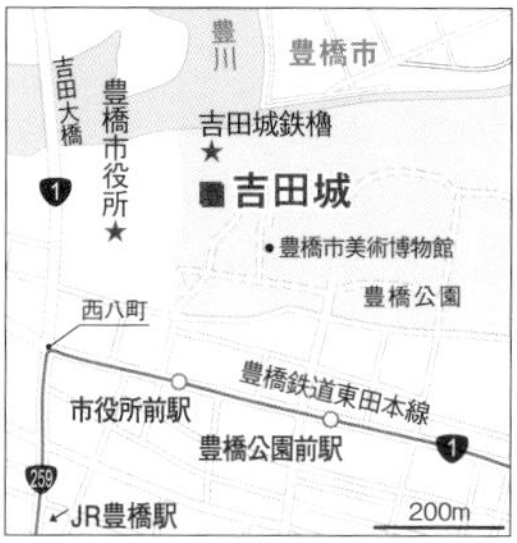

別名	今橋城、豊橋城
城地種類	平城
築城年代	永正2年（1505）、一説には明応6年（1497年）頃とも
築城者	牧野古白
主要城主	酒井氏、池田氏、松平（大河内）氏
文化財史跡区分	—
近年の主な復元・整備	昭和29年（1954）鉄櫓を再建
主な関連施設	吉田城鉄櫓
スタンプ設置所	吉田城鉄櫓内 豊橋市役所東館13階手筒花火体験パーク

続日本100名城

No.152

津城《つじょう》

藤堂流の縄張術の粋が凝らされた城

三重県津市

元亀《げんき》元年（一五七〇）、織《お》田《だ》信包《のぶかね》（信長《のぶなが》の弟）がこの地に初めて本格的な城を築いた。信包が丹波柏原《たんばかいばら》へ移った後に富田知信《とみたとものぶ》が入る。その子信高《のぶたか》は関ヶ原《せきがはら》の戦いで東軍につき、三万の西軍に城を包囲されて激戦の末に開城したが、戦後、津城主に返り咲く。信高の移《い》封《ほう》後、替わって入封《にゅうほう》した藤堂《とうどう》高虎《たかとら》が城を大修築した。

南北を川に挟まれた平城《ひらじろ》で、多門櫓《たもんやぐら》を巡らせた本丸の東西に東之丸、西之丸を配し、広い内堀で囲んだ。方形の曲輪《くるわ》、多門櫓、幅広い堀、直線的勾配の高石垣《たかいしがき》など、築城名人と謳われた藤堂高虎の築城理論が反映された城である。

1 西之丸二階門跡
西之丸は現在日本庭園となっており、往時は橋を渡って右に曲がると二階門があった。

2 入徳《にゅうとく》門
入徳門は、文政《ぶんせい》3年（1820）に10代藩主藤堂高兌《たかさわ》が開設した藩校有造館《ゆうぞうかん》の講堂の正門。昭和期に西之丸跡へ移築された。

3 本丸の内堀
最大幅約80ｍに達する広大な内堀。

1

3

2

主な遺構 本丸、西之丸、石垣など

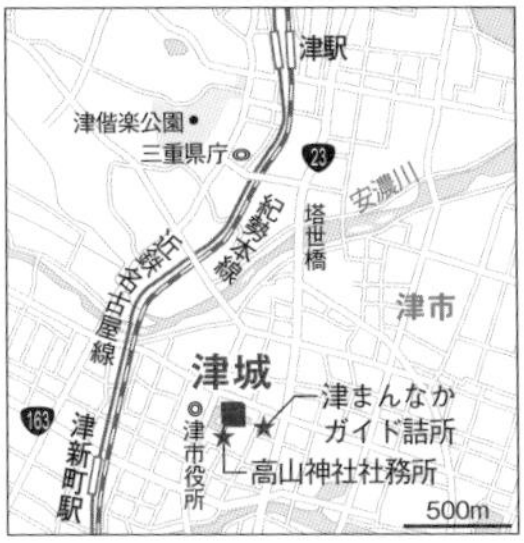

別名	安濃津城
城地種類	平城
築城年代	元亀～天正年間（1570～92）
築城者	織田信包
主要城主	藤堂高虎
文化財史跡区分	県指定史跡
近年の主な復元・整備	三層の模擬櫓
主な関連施設	―
スタンプ設置所	高山神社社務所 津まんなかガイド詰所

続日本100名城

No.153

多《た》気《げ》北《きた》畠《ばたけ》氏《し》城《じょう》館《かん》…三重県津市

多気北畠氏八代の本城となった城館

南北朝《なんぼくちょう》時代、南朝方の重臣だった北畠親房《きたばたけちかふさ》の三男顕能《あきよし》を祖とする多気北畠氏の本拠の城。築城者・築城年代とも不明だが、興国《こうこく》三年（康永《こうえい》元・一三四二）に顕能が築いたという説がある。多気北畠氏は永禄《えいろく》一二年（一五六九）に八代具教《とものり》が織田《おだ》信長《のぶなが》に降伏後、天正《てんしょう》四年（一五七六）に謀殺され、城館も廃城となった。

平時の居館（多気御所）と西の詰城《つめのしろ》、さらに戦時の詰城（霧山《きりやま》城）からなる典型的な中世山城《やまじろ》。広大な館跡には池《ち》泉回遊《せんかいゆう》式の優雅な庭園が現存する。霧山城は急峻な尾根に設けた堀切《ほりきり》で、北曲輪《くるわ》群と南曲輪群の二つに分かれている。

1 霧山城北曲輪群の主郭《しゅかく》に残る土塁《どるい》

東西に虎口《こぐち》を備えたこの曲輪内では、比較的大規模な土塁が残る。

2 北畠氏館跡庭園

館跡は上中下段の3段構造になっており、上段の館跡庭園は国名勝に指定されている。

3 北畠神社

北畠氏館跡に鎮座する北畠神社。神社自体は江戸時代の創建。

主な遺構	霧山城の北曲輪・南曲輪群、堀、土塁、庭園など

別名	北畠氏館、霧山城
城地種類	館と山城
築城年代	14～15世紀
築城者	不明
主要城主	北畠氏
文化財史跡区分	国指定史跡・名勝
近年の主な復元・整備	北畠氏館跡庭園を整備
主な関連施設	美杉ふるさと資料館
スタンプ設置所	北畠神社社務所

＊追記（備考）／史跡指定名称は「多気北畠氏城館跡」である

続日本100名城

No.154

田丸城《たまるじょう》

北畠氏が築いた伊勢南朝方の拠点

三重県度会郡玉城町

南北朝《なんぼくちょう》時代、北畠親房《きたばたけちかふさ》が南朝方の拠点として築いたと伝わる。一五世紀後半に城主となった愛洲《あいす》氏が後に田丸氏を名乗った。永禄《えいろく》一二年（一五六九）、織田信長《おだのぶなが》が伊勢《いせ》に侵攻。二男信雄《のぶかつ》に北畠氏を継がせ、信雄は田丸城を改修して一時本拠とした。元和《げんな》五年（一六一九）には紀伊《きい》徳川《とくがわ》家付家《つけが》老《ろう》の久野《くの》氏が城主となった。

城は本丸を西寄りに配し、北に北の丸、南に二の丸、東に三の丸を構えて、水堀で囲んでいた。織豊《しょくほう》期から江戸時代を通じて使用されたため、さまざまな石積《いしづみ》の手法が見学できる。本丸北側には穴蔵《あなぐら》（地階）を備えた天守台がある。

1 天守台
本丸の北にある天守台。手前に付櫓《つけやぐら》台があり、穴蔵が存在する。

2 二の丸南東部の外堀
かつては、四周を水堀で囲まれていた。一部が空堀となっており、東側と南東部が水堀として残る。

3 二の丸虎口《こぐち》
二の丸東下に位置する虎口は枡形《ますがた》状の構造で、二つの門を構えて防御を固めていた。

主な遺構	本丸、二の丸、三の丸、石垣、堀、土塁など

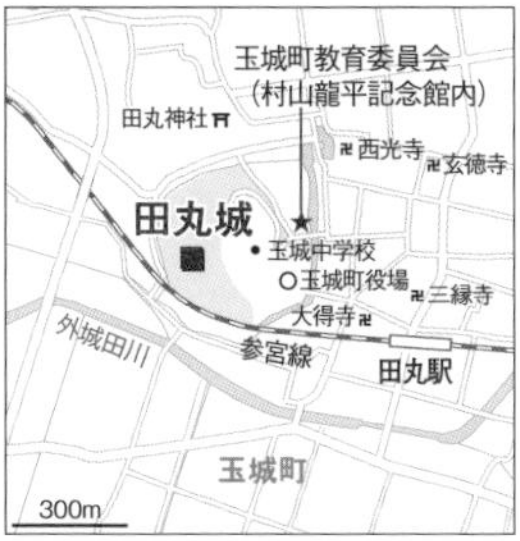

別名	玉丸城
城地種類	平山城
築城年代	延元元年（建武3・1336年）
築城者	北畠親房
主要城主	織田氏、田丸氏、稲葉氏、久野氏
文化財史跡区分	県指定史跡
近年の主な復元・整備	石垣の修復
主な関連施設	村山龍平記念館
スタンプ設置所	玉城町教育委員会窓口（村山龍平記念館内）

赤《あか》木《ぎ》城《じょう》

北山一揆の鎮圧拠点として築城

三重県熊野市

天正《てんしょう》一四年（一五八六）、奥熊野《くまの》の地侍《じざむらい》たちが蜂起した「天正の北山《きたやま》一揆」の鎮圧拠点として、天正一七年（一五八九）頃に築城されたと考えられている。当時の紀伊《きい》国主豊臣秀長《とよとみひでなが》の家臣であった藤《とう》堂高虎《どうたかとら》が縄張《なわばり》したという。一揆鎮圧後、役割を終えてそのまま廃城になったとみられる。

山頂部の主郭《しゅかく》を中心に、三方の尾根上の曲輪《くるわ》群と谷部の南郭《みなみくるわ》で構成される。中世の平《ひら》山城《やまじろ》でありながら、曲輪には高石垣《たかいしがき》や枡形虎口《ますがたこぐち》も備えており、近世城郭の萌芽ともいうべき織豊《しょくほう》系城郭の特色を示している。主郭には櫓《やぐら》のような構造物があった可能性もある。

1 主郭虎口から南方を望む
虎口は、熊野街道から分かれて城の南を通る北山道《きたやまどう》に向けて開かれている。

2 赤木城跡遠望
平成元年（1989）に国史跡に指定され、整備事業が行われた。石垣周囲の木が伐採されるなどして、城跡の展望は大幅に改善された。

3 主郭南側石垣
主郭の石垣は横長の自然石を積み、間詰石《まづめいし》を詰めて築かれている。

主な遺構	主郭、石垣、堀など

別名	—
城地種類	平山城
築城年代	天正17年（1589）？
築城者	藤堂高虎、羽田正親
主要城主	藤堂氏
文化財史跡区分	国指定史跡
近年の主な復元・整備	石垣の積み直しや遊歩道の設置などの維持整備
主な関連施設	紀和鉱山資料館
スタンプ設置所	道の駅熊野・板屋九郎兵衛の里

続日本100名城

No.156

鎌《かま》刃《は》城《じょう》

江南・江北の境目に築かれた山城

滋賀県米原市

築城時期は不明だが、弘安《こうあん》七年（一二八四）に鎌刃城主土肥元頼《どひもとより》についての記録がある。応仁《おうにん》・文明《ぶんめい》の乱（一四六七〜七七）の頃には国人堀《こくじんほり》氏の本拠だったとされる。堀氏は戦国時代には浅井《あざい》氏に臣従し、織田《おだ》氏が近江《おうみ》に侵攻すると織田氏に降伏するが、天正《てんしょう》二年（一五七四）に追放される。城はその後まもなく廃城となったと思われる。

江北《こうほく》と江南《こうなん》の境目《さかいめ》の要所に築かれた。標高約三八四mの山頂の主郭《しゅかく》に二重三階と推測される大櫓《おおやぐら》を建て、周囲を石垣で固めていた。尾根筋には階段状に曲輪《くるわ》を展開。近江では珍しい畝状竪堀群《うねじょうたてぼりぐん》も備える。

1 主郭虎口《こぐち》

主郭北辺の枡形《ますがた》虎口。門の礎石《そせき》から薬医門《やくいもん》があったとみられる。

2 大堀切《ほりきり》

北尾根には四重の堀切が設けられ、特に城内側から2本目の堀切は尾根を完全に分断する大規模なものであった。

3 主郭

主郭は曲輪全体を高石垣《たかいしがき》で固め、さらに南辺には石塁《せきるい》も築かれ厳重に守られていた。

1

2

3

主な遺構	主郭、副郭、石垣、堀、土塁、枡形虎口など

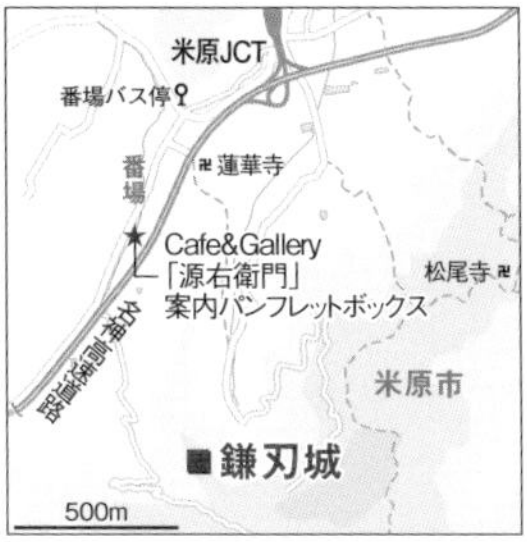

別名	—
城地種類	山城
築城年代	文明4年(1472)以前
築城者	土肥氏または堀氏
主要城主	堀氏
文化財史跡区分	国指定史跡
近年の主な復元・整備	一部石垣の保全、水の手の復元
主な関連施設	—
スタンプ設置所	Cafe&Gallery「源右衛門」案内パンフレットボックス

＊追記(備考)／Cafe&Gallery「源右衛門」の住所は滋賀県米原市番場1844

No.157

八幡山城《はちまんやまじょう》

五つの郭で構成された主郭部

滋賀県近江八幡市

近江《おうみ》など四三万石領主となった羽柴《はしば》（豊臣《とよとみ》）秀吉《ひでよし》の甥、秀次《ひでつぐ》の居城として天正《てんしょう》一三年（一五八五）に築城され、宿《しゅく》老《ろう》田中吉政《たなかよしまさ》が在城した。その後秀次は清洲《きよす》城へ移封《いほう》となり、八幡山城には京極高次《きょうごくたかつぐ》が入城したが、文禄《ぶんろく》四年（一五九五）に廃城となった。

総石垣造の山城《やまじろ》で、現在も壮大な雰囲気を残す。城は山上と山麓に分かれ、山上の主《しゅ》郭《かく》部は本丸を中心に、二の丸、北の丸などの郭《くるわ》を周囲の帯郭《おびくるわ》が結ぶ。山麓には枡形虎口《ますがたこぐち》をもった秀次館があり、段状に郭を配置。城の三方を琵琶《びわ》湖の内湖や湿地帯が囲み、南の平野部に城下町がある。

1山麓の居館跡
写真は発掘調査時のもの。居館部の最上部には秀次の居館があった。

2本丸北東隅の石垣
大小さまざまな石を積み上げた野《の》面《づら》積《づみ》の石垣。山上の主郭部は総石垣で、城域には明確な竪堀《たてぼり》の遺構がない。

3西の丸から琵琶湖を望む
琵琶湖は当時の物流の要であり、城下南に琵琶湖とつながる八幡堀を設けて、商船を着けられるようにした。

1

2

3

主な遺構	山上の本丸、二の丸、北の丸、山麓居館部の郭、石垣など

別名	八幡城、近江八幡城
城地種類	山城
築城年代	天正13年（1585）
築城者	羽柴秀次
主要城主	羽柴（豊臣）氏、京極氏
文化財史跡区分	—
近年の主な復元・整備	山麓部発掘調査
主な関連施設	近江鉄道八幡山ロープウェー山上駅
スタンプ設置所	近江鉄道八幡山ロープウェー山上駅 瑞龍寺

＊追記（備考）／山上の本丸跡は現在村雲御所瑞龍寺門跡（日蓮宗）となっている

続日本100名城

No.158

福知山城《ふくちやまじょう》

丹波平定を果たした明智光秀が築く

京都府福知山市

丹波《たんば》の土豪《どごう》横山《よこやま》氏の築いた横山城が前身とされ、天正《てんしょう》七年（一五七九）に丹波を平定した明智光秀《あけちみつひで》が、新たに福知山と命名して跡地に築城を開始し、織豊《しょくほう》系城郭として石垣と天守が築かれたと伝わる。天正一〇年（一五八二）に光秀が討たれると豊臣秀吉《とよとみひでよし》臣下が城主となり、江戸時代には福知山藩の藩庁となった。

川の合流点にある小高い丘陵上の突端部に築かれ、東は川を利用した大堀、西は堀と土塁《どるい》、南は堀切《ほりきり》、北東は堀と見立てた由良《ゆら》川で四方を防御する。石垣を積んだ山城《やまじろ》的な主郭《しゅかく》部と、平城《ひらじろ》的な水堀地区の両方を備えた平山城《ひらやまじろ》である。

1 銅門《あかがねもん》番所

銅門番所は城内唯一の現存建物。2度の移築を経て、現在は本丸内に建つ。

2 大天守《だいてんしゅ》と続櫓《つづきやぐら》・小《しょう》天守

現在の天守は昭和期の再建だが、元来の福知山城天守の外観にならって望楼《ぼうろう》型として再建されている。現天守の高さは約18.5m。小天守と続櫓を従えた風格ある姿をしている。

3 井戸

本丸の天守台東側にある豊磐《とよいわ》の井《い》。深さ約50mで、現在も水を湛《たた》えている。

1

2

3

主な遺構	本丸、石垣など

別名	—
城地種類	平山城
築城年代	天正7年（1579）頃
築城者	明智光秀
主要城主	明智氏、有馬氏、岡部氏、稲葉氏、松平（深溝）氏、朽木氏
文化財史跡区分	市指定史跡
近年の主な復元・整備	天守
主な関連施設	福知山城天守閣
スタンプ設置所	福知山城天守閣入口受付 福知山観光案内所（JR福知山駅北口）

芥川山城《あくたがわさんじょう》

天下たる畿内を支配した三好政権の所在地

大阪府高槻市

永正《えいしょう》一三年（一五一六）までに細川高国《ほそかわたかくに》が築城。天文《てんぶん》二二年（一五五三）に細川晴元《はるもと》を逐《お》った三好長慶《みよしながよし》が入城し、当時の「天下」たる畿内《きない》を支配した三好政権の拠点とする。永禄《えいろく》一一年（一五六八）以降は足利義昭《あしかがよしあき》の武将和田惟政《わだこれまさ》が城主となるが、翌年に惟政が高槻《たかつき》城へ移ったことで徐々に機能を停止したようである。

三方を芥川が巡る天然の要害、三好山山頂の主郭《しゅかく》を中心とする連郭式《れんかく》山城《やまじろ》。城下町はなく西国《さいごく》街道とも距離を置くが、近くに丹波《たんば》方面への山道が通じる。大手の谷筋などに残る石垣は安土《あづち》城に遡《さかのぼ》る山城での事例として注目される。

1 出丸《でまる》の石垣
大手の谷筋や出丸と呼ばれる曲輪《くるわ》に、比較的大きな石材を使う石垣がある。

2 主郭
三好長慶を祀る祠《ほこら》がある。発掘調査で礎石《そせき》が検出され、山城に本格的な居住空間が所在することがわかった。

3 城跡南側の堀切《ほりきり》部分
主郭と南側の曲輪群との間や、東側で地形が続く場所などの要所に堀切が設けられた。

主な遺構	主郭などの曲輪群、石垣、堀切、竪土塁、土塁など

別名	芥川城、原城、三好山城
城地種類	山城
築城年代	永正13年(1516)頃
築城者	細川高国
主要城主	細川氏、三好氏、和田氏
文化財史跡区分	―
近年の主な復元・整備	―
主な関連施設	高槻市立しろあと歴史館
スタンプ設置所	高槻市立しろあと歴史館　高槻市観光協会事務所(阪急高槻市駅改札階)　高槻市観光案内所(JR高槻駅中央改札階)

＊追記(備考)／芥川山城は私有地につき、所有者に対する迷惑行為は避けること。また芥川山城は整備された城跡ではないため、十分な下調べが必要

続日本100名城

No.160

飯盛城《いいもりじょう》

信長に先立つ天下人三好長慶の居城

……大阪府大東市、四條畷市

一六世紀半ば、河内守護《かわちしゅご》畠《はたけ》山《やま》氏の家臣木沢長政《きざわながまさ》の築城と考えられる。長政は三好長慶《みよしながよし》に討たれ、その後、長慶は飯盛城で幕政を執った。長慶の死後、三好三人衆が松永久秀の排斥を企てるなどの内部抗争により、飯盛城の政治的地位は失われていく。永禄一二年（一五六九）頃に、三好義《よし》継《つぐ》が若江《わかえ》城に移り、飯盛城は城郭としての機能を失った。

河内・大和《やまと》国境に位置する飯盛山山頂に築かれた山城《やまじろ》で、守るに易く攻めるに難い天然の要害。最盛期には尾根伝いに大小一一四の曲輪《くるわ》が築かれており、近畿地方最大級の山城のスケール感が味わえる。

1 御体塚《ごたいづか》曲輪と史跡碑曲輪（通称）間の堀切《ほりきり》
城中に現存する最大規模の堀切。「御体塚曲輪」の名称は、三好長慶の遺体をここに安置したという伝承による。

2 石垣
織豊《しょくほう》期の城に先立つ石垣を多用した城と考えられ、現在も多く残っている。

3 高櫓《たかやぐら》曲輪
展望台の建つ曲輪から、通称高櫓曲輪を望む。石碑や説明板が設置されている。

1

2

3

主な遺構	御体塚曲輪、高櫓曲輪、千畳敷曲輪、石垣、虎口、堀、土橋、土塁、切岸など

別名	飯盛山城、河内飯盛城
城地種類	山城
築城年代	享禄年間（1528～32）、永禄３年（1560）
築城者	木沢長政、三好長慶
主要城主	木沢氏、安見氏、三好氏
文化財史跡区分	—
近年の主な復元・整備	国史跡指定にむけて調査中
主な関連施設	大東市立歴史民俗資料館、四條畷市立歴史民俗資料館
スタンプ設置所	大東市立歴史民俗資料館　四條畷市立歴史民俗資料館 大東市立野外活動センター　四條畷市立野外活動センター

＊追記（備考）／登山道を外れたところにある石垣に近づくのは危険

No.161

岸和田城《きしわだじょう》

大阪府岸和田市

紀州街道と大坂湾の水上交通を押さえた城

築城時期は不明だが、戦国時代、現在地より北東約五〇〇mに位置していた岸和田古《こ》城《じょう》から移ったといわれ、江戸時代初期にかけて段階的に完成していった。小出《こいで》氏三代、松平《まつだいら》（松井《まつい》）氏二代の後、寛《かん》永《えい》一七年（一六四〇）に岡部《おかべ》宣勝《のぶかつ》が入城し、明治維新を迎えるまで一三代続いた。

変則多角形の本丸は水堀に囲まれ、海岸寄りに馬出《うまだし》状に設けられた二の丸とは土橋《どばし》で接続していた。本丸の三方をコの字形に二の曲輪《くるわ》が取り囲み、外周を水堀と三の曲輪、さらに外曲輪で囲む、きわめて厳重な輪郭《りんかく》式の縄張《なわばり》。本丸には五重天守がそびえていた。

1 岸和田城庭園（八陣《はちじん》の庭）
諸葛孔明《しょかつこうめい》の八陣法を表現したもの。現代庭園の巨匠重森三玲《しげもりみれい》の作で、国指定名勝である。

2 西から本丸を望む
右から大・小天守、本丸隅櫓《すみやぐら》など。石垣以外すべて昭和期の復興。

3 百間堀《ひゃっけんぼり》
城内最大級の直線の長さをもち、城下の本町と城を隔てていた。現在は一部埋め立てられ、160m程度が残る。

主な遺構	本丸、石垣、堀など

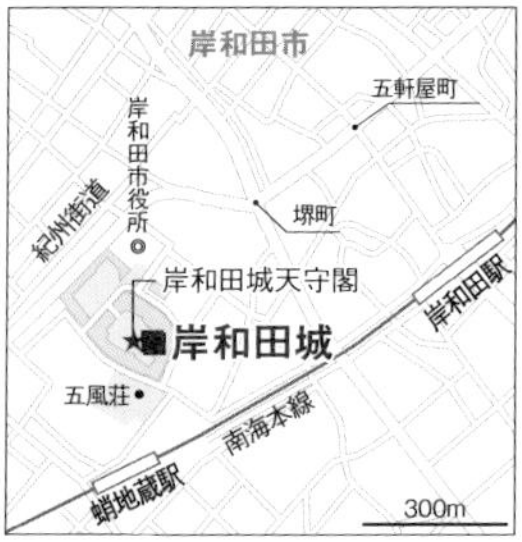

別名	千亀利（ちぎり）城
城地種類	平城
築城年代	不明
築城者	不明
主要城主	小出氏、松平氏、岡部氏
文化財史跡区分	府指定史跡
近年の主な復元・整備	天守、櫓門、多聞櫓・隅櫓
主な関連施設	—
スタンプ設置所	岸和田城天守閣受付

続日本100名城

No.162

出石城《いずしじょう》・有子山城《ありこやまじょう》…兵庫県豊岡市

山名氏が築いた山城と小出氏の山麓の居館

　織田《おだ》軍団の但馬《たじま》侵攻で永禄《えいろく》一二年（一五六九）に此隅山《このすみやま》城を失った守護《しゅご》山名《やまな》氏は天正《てんしょう》二年（一五七四）に有子山城を築くが、天正八年（一五八〇）に豊臣秀長《とよとみひでなが》の攻撃で落城。その後、城には前野《まえの》氏、小出《こいで》氏らが入り、小出氏は関ヶ原《せきがはら》の戦い後も旧領を安堵された。

　慶長《けいちょう》九年（一六〇四）には詰城《つめのしろ》である山上の有子山城を廃し、山麓の居館と曲輪《くるわ》のみを出石城として改修。堀で囲まれた三の丸や、二の丸、本丸などが階段状に造成された。このとき整備された城下町は「但馬の小京都」と呼ばれ、現在、国の重要伝統的建造物群保存地区に選定されている。

1 有子山城跡空撮
北西上空から城跡を見下ろす。山上と山腹には有子山城が、山麓には出石城と城下町の町並みが広がっている。

2 有子山城の主郭《しゅかく》
写真中央が主郭。西・北面に高さ約4mの石垣を築いている。

3 出石城西櫓《にしやぐら》
本来、本丸の西隅に櫓はなかったが、昭和に模擬復興された二重櫓が建つ。

主な遺構	[出石城]本丸、石垣、堀、虎口、庭園など [有子山城]本丸、千畳敷、石取場、石垣、堀、土塁など

別名	[出石城]石城(せきじょう)、[有子山城]高城(たかしろ)
城地種類	[出石城]平山城　[有子山城]山城
築城年代	[出石城]慶長9年(1604)　[有子山城]天正2年(1574)
築城者	[出石城]小出吉英　[有子山城]山名祐豊
主要城主	[出石城]小出氏、松平氏、仙石氏　[有子山城]山名氏、羽柴氏、前野氏、小出氏
文化財史跡区分	[出石城]市指定史跡　[有子山城]国指定史跡
近年の主な復元・整備	[出石城]隅櫓(東西)、登城門、登城門橋
主な関連施設	—
スタンプ設置所	いずし観光センター

＊追記(備考)／出石城の感応殿(かんのうでん)・辰鼓楼(しんころう)はどちらも明治期の建築

No.163

黒《くろ》井《い》城《じょう》

明智光秀の丹波攻めに抵抗を続けた堅城

兵庫県丹波市

赤松貞範《あかまつさだのり》による築城後、一六世紀前半に荻野《おぎの》氏の城となり、その養子荻野（赤井《あかい》）直《なお》正《まさ》が天文《てんぶん》二三年（一五五四）に養父を暗殺して城を奪う。直正は織田信長《おだのぶなが》に服属したが後に離反し、天正《てんしょう》三年（一五七五）からの明智光秀《あけちみつひで》の丹波《たんば》平定では抵抗するも落城。天正一二年（一五八四）の小《こ》牧《まき》・長久手《ながくて》の戦いに際し、赤井氏残党が家康《いえやす》方として立《た》て籠《こ》もるが、戦後廃城となった。

猪ノ口《いのくち》山の山頂部に本丸を中心とした主要部を置いて石垣と土塁《どるい》で固め、三方にのびる尾根伝いと山麓にも曲輪《くるわ》群を配した。本丸などの野面積《のづらづみ》の石垣は一見の価値がある。

1 本丸に残る石垣
本丸を囲む土塁上に野面積の石垣を積み上げていた。西面と二の丸方向の守備であった。

2 黒井城遠望
猪ノ口山は標高約356m。山頂周辺は平坦な削平地とし、曲輪を置いていた。

3 本丸
昭和初期まで建物の礎石《そせき》があったらしい。現在は付近に石碑が建つ。

主な遺構	本丸、二の丸、三の丸、石垣、堀、土塁など

別名	保月城、保築城
城地種類	山城
築城年代	建武2年(1335)
築城者	赤松貞範
主要城主	赤松氏、荻野氏、斎藤氏、堀尾氏
文化財史跡区分	国指定史跡
近年の主な復元・整備	—
主な関連施設	丹波市立春日歴史民俗資料館
スタンプ設置所	春日住民センター

＊追記(備考)／登山口から本丸(山頂)まで約40分

続日本100名城

No.164

洲本城《すもとじょう》

淡路水軍の要塞から淡路国の政庁へ

兵庫県洲本市

標高一三三mの三熊山《みくまやま》山頂に位置する。築城は、淡路水《あわじ》軍を率いた安宅《あたぎ》氏と伝わる。

安宅氏は、三好長慶《みよしながよし》の弟冬《ふゆ》康《やす》を養子に迎えたが、冬康亡き後、織田信長《おだのぶなが》に降伏した。その後は秀吉《ひでよし》配下の仙石秀久《せんごくひでひさ》が入城、天正一三年（一五八五）には脇坂安治《わきざかやすはる》が入城し、総石垣の城に改修された。

慶長一四年（一六〇九）の脇坂転封に伴い、藤堂高虎《とうどうたかとら》が預かり、翌年には池田輝政《いけだてるまさ》に淡路一国が加増された。大坂の陣後は、蜂須賀至鎮《はちすかよししげ》に淡路が与えられ、麓に御殿が築かれた。山頂の「上《うえ》の城」と山麓の「下《した》の城」を結ぶ二条の登り石垣が最大の特徴である。

1 金天閣
下の城にあった蜂須賀時代の洲本御殿の玄関と書院は、城下の洲本八幡神社に移築されて残る。

2 天守台と模擬天守
本丸北西隅には天守台がある。天守台上の模擬天守は昭和天皇の即位式を記念して建立された。

3 本丸への大石段
本丸の幅約6.5mの大石段は、堂々たる規模で洲本城の威風を示す。

1

2

3

主な遺構 本丸、西の丸、東の丸、天守台、石垣、登石垣、堀など

別名	三熊城
城地種類	平山城
築城年代	16世紀前半（永正7年〔1510〕と大永6年〔1526〕の説あり）
築城者	安宅氏
主要城主	脇坂氏
文化財史跡区分	国指定史跡
近年の主な復元・整備	馬屋、南の丸、東の丸などの石垣修復や樹木伐採など
主な関連施設	洲本市立淡路文化史料館
スタンプ設置所	洲本市立淡路文化史料館

大和郡山城《やまとこおりやまじょう》
大国大和の支配拠点
…奈良県大和郡山市

天正《てんしょう》八年（一五八〇）、織《お》田信長《だのぶなが》は大和《やまと》一国の検地《けんち》と新たに築かれる郡山城以外の城郭の破却を命じ、筒井順慶《つついじゅんけい》を郡山城主にした。天正一三年（一五八五）に豊臣秀吉《とよとみひでよし》の弟秀長《ひでなが》が一〇〇万石で入封《にゅうほう》すると、石高《こくだか》にふさわしく整備された。その後、譜代《ふだい》大名数家などを経て、享保《きょうほう》九年（一七二四）に入封した柳澤《やなぎさわ》氏が六代続き、明治維新となった。

丘陵の南端付近に立地する。高石垣《たかいしがき》や天守、多門櫓《たもんやぐら》などを備えた大城郭で、本丸周囲を二の丸が取り巻き、三の丸を東西に配置した。石垣に「さかさ地蔵」などの転用石が多用されている点も特徴である。

1 天守台
転用石が多く見られ、北東角石には平城京の羅城門《らじょうもん》の礎石《そせき》との謂《い》われがある転用石も見ることができる。天守台は本丸の北端にある。

2 追手向《おうてむかい》櫓と追手門
内堀から望む。追手向櫓も追手門も昭和期の再建建造物だが、現在の郡山城を代表する景観といえる。

3 五軒屋敷池
三の丸の五軒屋敷と陣甬郭《じんぼぐるわ》に挟まれた、南北に細長い堀跡である。西岸の陣甬郭には石垣が残っている。

1

2

3

主な遺構	本丸、二の丸（毘沙門郭・陣甬郭・常盤郭など）、天守台など

別名	—
城地種類	平山城
築城年代	天正8年（1580）
築城者	筒井順慶
主要城主	筒井氏、豊臣氏、水野氏、松平氏、本多氏、柳澤氏
文化財史跡区分	県指定史跡（郡山城）
近年の主な復元・整備	天守台石垣解体整備、展望デッキ整備など
主な関連施設	（公財）郡山城史跡・柳沢文庫保存会
スタンプ設置所	柳沢文庫

＊追記（備考）／駐車場がないので車での来場の場合は近隣のコインパーキングなどを利用。天守台展望施設の利用時間は、7：00～19：00（4月～9月）、7：00～17：00（10月～3月）

続日本100名城

No.166

宇《う》陀《だ》松山《まつやま》城《じょう》

南北朝期の山城から近世城郭へと改修

……奈良県宇陀市

南北朝《なんぼくちょう》期から戦国時代、宇陀郡の国人《こくじん》秋山《あきやま》氏の居城であった秋山城が前身と考えられる。天正《てんしょう》一三年(一五八五)に豊臣秀吉《とよとみひでよし》の弟秀長《ひでなが》が大和《やまと》を支配。秋山城には豊臣氏配下の大名が入り、文禄《ぶんろく》元年(一五九二)に城主多賀秀種《たがひでたね》により本格的な改修と城下町の整備が行われた。関ヶ原《せきがはら》の戦い後、宇陀郡を領した福島高晴《ふくしまたかはる》の時に松山城と改名。

城域の中央に総石垣造の天《てん》守郭《しゅぐるわ》と本丸が並ぶ。その周囲を帯郭《おび》が取り囲み、三か所に複雑な構造の虎口《こぐち》を備える。外郭《がいかく》部が主郭《しゅかく》部を同心円状に取り囲む、山城《やまじろ》としては珍しい縄張《なわばり》を構成していた。

1 天守郭
築城当時、天守郭の周囲を取り巻くように石垣が築かれていた。

2 春日門《かすがもん》跡の石垣
城山北西麓の春日神社参道には、松山城大手筋にあった春日門の櫓台《やぐらだい》が残る。

3 本丸御殿跡
本丸にはかつて本丸御殿をはじめとする複数の礎石《そせき》建物があった。

1

2

3

主な遺構	本丸、二の丸、帯郭、御加番郭、御定番郭、天守郭、石垣など

別名	秋山城
城地種類	山城
築城年代	南北朝期(豊臣家配下の天正13年〔1585〕以降に改修)
築城者	秋山氏
主要城主	伊藤氏、加藤氏、羽田氏、多賀氏、福島氏
文化財史跡区分	国指定史跡
近年の主な復元・整備	今後、石垣の明示と各遺構の平面表示などの整備を行う
主な関連施設	—
スタンプ設置所	まちづくりセンター「千軒舎」 道の駅「宇陀路大宇陀」

No.167

新宮城《しんぐうじょう》

熊野川を望む丘陵に築かれた総石垣の城

和歌山県新宮市

和歌山《わかやま》城主浅野幸長《あさのよしなが》は慶長《けいちょう》五年（一六〇〇）、家老《かろう》浅野忠吉《ただよし》に新宮を分知《ぶんち》し、翌年から築城を開始。その後一国一《いっこくいち》城令《じょうれい》で廃城となるが、元和《げんな》四年（一六一八）に築城許可がおり、再び築城に着手。翌年、主家の安芸広島《あきひろしま》転封《てんぽう》に伴い忠吉も三原《みはら》へ移るが、代わって入封《にゅうほう》した水野重央《みずのしげなか》が工事を引き継ぎ、寛永《かんえい》一〇年（一六三三）に二代重良《しげよし》が完成させた。

熊野《くまの》川河口近くの丘陵上に築かれた総石垣造の平山城《ひらやまじろ》で、最高所の本丸からは城下町を越えて太平洋まで一望できる。また、熊野川沿いでは蔵と舟《ふな》入《いり》を備えた水《みず》の手曲輪《てくるわ》が公開されている。

1 新宮城全景
熊野川対岸の三重県側より望む。水際に築かれた平山城の立地がよくわかる。

2 本丸付近の石垣
本丸入口の枡形《ますがた》の石垣は切込接《きりこみはぎ》の石垣であり、寛文《かんぶん》年間（1661～73）に3代水野重《しげ》上《たか》によって増築されたものと見られる。

3 本丸から北東隅に位置する出丸《でまる》を望む
出丸は、城域内でもっとも川に張り出した丘陵最先端に位置する。発掘調査で橋脚の礎石《そせき》が出土し、かつて橋で本丸と結ばれていたことがわかった。

主な遺構	本丸、二の丸、鐘の丸、出丸、水の手曲輪、石垣、炭納屋跡、船着場跡など

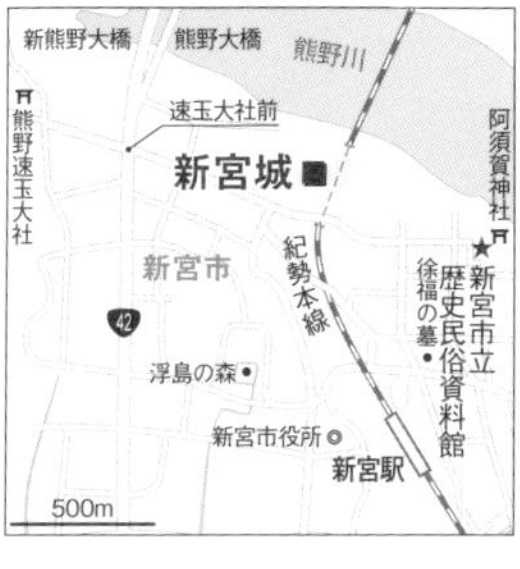

別名	丹鶴城、沖見城
城地種類	平山城
築城年代	慶長6年（1601）
築城者	浅野忠吉
主要城主	浅野氏、水野氏
文化財史跡区分	国指定史跡
近年の主な復元・整備	崩落している石垣などを中心に修理などを進めている
主な関連施設	新宮市立歴史民俗資料館
スタンプ設置所	新宮市立歴史民俗資料館

続日本100名城

No.168

若桜鬼ヶ城《わかさおにがじょう》

鳥取県八頭郡若桜町

尼子氏と毛利氏、織田氏の激戦の舞台の城

正治《しょうじ》二年（一二〇〇）に矢《や》部《べ》暉種《あきたね》が築いた城館が前身といわれるが定かではない。天《てん》正《しょう》三年（一五七五）、山中幸《やまなかゆき》盛《もり》（鹿介《しかのすけ》）が尼子《あまご》氏再興を図り入城、毛利《もうり》氏と激戦をくり広げた。豊臣秀吉《とよとみひでよし》の中国侵攻後に秀吉の家臣木下重堅《きのしたしげかた》が、関《せき》ヶ原《がはら》の戦い後には山崎家盛《やまざきいえもり》が入り、元和《げんな》三年（一六一七）の山崎氏転封《てんぽう》後、廃城となる。

標高約四五二mの山頂に位置する主郭《しゅかく》部と、北の尾根に築かれた曲輪《くるわ》群の古城《こじょう》部からなる。主郭部はすべて石垣で築かれ、本丸南東隅には天守台が設けられていた。古城部には、土塁《どるい》や堀切《ほりきり》など中世の城としての特色が色濃く残る。

1 六角石垣
西側の尾根に設けられた出丸《でまる》で、麓から見上げると六角形の砦のように見える。

2 大手虎口《こぐち》
大手虎口は三の丸に開かれていた。虎口は小規模な枡形《ますがた》を形成しており、江戸時代初期に築かれたと思われる。

3 若桜鬼ヶ城遠望
写真左の高い山が主郭部、右が古城部。

1

2

3

主な遺構	本丸、二の丸、三の丸、石垣、堀、土塁など

別名	若桜城、若佐城
城地種類	山城
築城年代	諸説あり
築城者	矢部氏
主要城主	八木氏、木下氏、山崎氏
文化財史跡区分	国指定史跡
近年の主な復元・整備	案内誘導看板の設置など
主な関連施設	若桜町歴史民俗資料館
スタンプ設置所	二の丸内の作業小屋前（冬期間は若桜郷土文化の里） 若桜町観光案内所（若桜町バスターミナル内）

＊追記（備考）／築城年代について「鬼ヶ城」の史料初出は天正3年（1575）

米子城《よなごじょう》

かつて大小二つの天守がそびえる

鳥取県米子市

応仁《おうにん》・文明《ぶんめい》の乱（一四六七～七七）の頃、山名《やまな》氏が飯山《いいの》に築いたと伝わる。毛利《もうり》氏の山陰平定後は吉川広家《きっかわひろいえ》が入り、天正《てんしょう》一九年（一五九一）から隣接する湊《みなと》山に近世城郭の築城を開始。関ヶ原《せきがはら》の戦い後、吉川広家は岩国に転封となり、替わりに駿府から入封《にゅうほう》した中《なか》村一忠《むらかずただ》が、城を完成させたと伝わる。

標高約九〇mの湊山山頂に本丸を置き、峰続きの丸山と東の飯山に出丸《でまる》を、山麓に二の丸、三の丸を配する。南側裏手には水軍関係の施設を置いた深浦《ふかうら》を設けていた。大小天守跡からは絶景が望める。

1 本丸の石垣
並立する豪放な天守台。各年代の石垣を見ることができる。写真左の四《し》重櫓台《じゅうやぐらだい》は幕末の改修。

2 米子城空撮
東側上空より見下ろす。写真中央の山頂削平地が本丸で、上方に中海《なかうみ》が望める。山麓には二の丸、三の丸が配されていた。

3 二の丸虎口《こぐち》の枡形《ますがた》と高石垣《たかいしがき》
堅牢な石垣で囲まれた東西約25.4m、南北約22.7mの枡形虎口。

主な遺構	本丸、二の丸、石垣、天守台など

別名	湊山金城、久米城
城地種類	平山城
築城年代	天正19年（1591）
築城者	吉川広家
主要城主	吉川氏、中村氏、加藤氏、池田氏
文化財史跡区分	国指定史跡
近年の主な復元・整備	三の丸広場（整備中）
主な関連施設	米子市立山陰歴史館
スタンプ設置所	米子市立山陰歴史館 米子城跡三の丸番所（三の丸駐車場内）

続日本100名城
No.170

浜田城《はまだじょう》

毛利氏領との接点に築かれた城

島根県浜田市

石見《いわみ》に五万四〇〇〇石を得た古田重治《ふるたしげはる》が築く。浜田は長州《ちょうしゅう》毛利《もうり》氏と境を接する山陰側の要地であり、また無城地であったため、元和《げんな》以降でも新規築城が認められた。古田氏が二代で無嗣改易《むしかいえき》されると、松平《まつだいら》（松井《まつい》）氏、本多《ほんだ》氏、松平（松井）氏、松平（越智《おち》）氏と城主が交代。慶応《けいおう》二年（一八六六）の第二次幕長《ばくちょう》戦争（石州口《せきしゅうぐち》の戦い）で落城した。

松原《まつばら》湾に臨む標高約六七mの亀《かめ》山山頂部に本丸を構え、中腹を二ノ丸、山麓を三ノ丸とし、三ノ丸東側に御殿や大手門を設けていた。本丸の北西隅には三重三階の望楼《ぼうろう》型天守が上げられていた。

1浜田城空撮
南側上空より見下ろす。写真左手前を浜田川が流れ、奥に日本海。浜田城の右方に北前《きたまえ》船《ぶね》が寄港した外ノ浦《とのうら》がある。

2高石垣《たかいしがき》
城内でもっとも高い石垣。この高石垣の曲輪《くるわ》は二ノ丸の中にあり、三丸《さんまる》と呼ばれていた。

3二ノ門跡
二ノ門の櫓門《やぐらもん》跡の石垣と石段。奥に本丸表門であった一ノ門の跡が見える。

主な遺構	本丸、二ノ丸、三ノ丸、石垣など

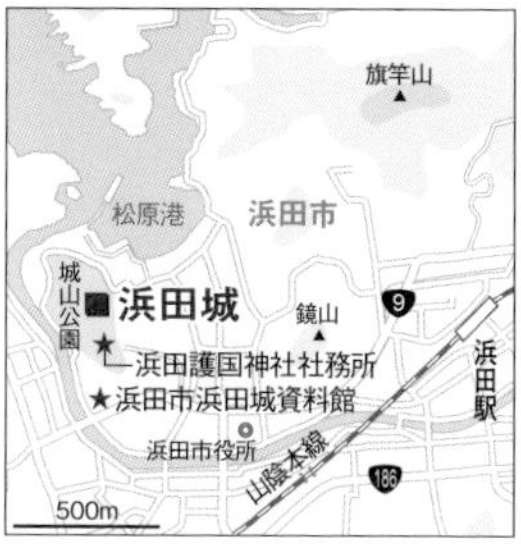

別名	亀山城
城地種類	平山城
築城年代	元和6年（1620）～元和9年（1623）
築城者	古田重治
主要城主	古田氏、松平（松井）氏、本多氏、松平（越智）氏
文化財史跡区分	県指定史跡
近年の主な復元・整備	—
主な関連施設	浜田市浜田城資料館
スタンプ設置所	浜田市浜田城資料館 浜田護国神社社務所

＊追記（備考）／城内には浜田県庁の門として使用されていた津和野城（島根県津和野町）の門が移築されている

備中高松城《びっちゅうたかまつじょう》

勇将清水宗治が守るも水攻めで開城

岡山県岡山市

豊臣秀吉《とよとみひでよし》の水攻めで有名だが、詳細は不明な点も多い。永禄《えいろく》年間（一五五八〜七〇）に石川久式《いしかわひさのり》（一族の石川久孝《ひさたか》とも）が築城したとされ、その死後、娘婿清水宗治《しみずむねはる》が城主になったという。天正《てんしょう》一〇年（一五八二）の秀吉の中国攻めでは宗治が必死に抵抗するも、水攻めの奇策で落城した。

足守《あしもり》川流域の低湿地帯に築かれ、最高所に一辺約五〇mの方形の本丸が置かれた。その南東方向に二の丸、三の丸を配し、これら三つの曲輪《くるわ》を外曲輪・北外曲輪が包み込む、梯郭《ていかく》式に近い縄張《なわばり》であったと推定される。水攻めの際に造成された秀吉方の堤防も残る。

1 蛙ヶ鼻《かわずがはな》に残る堤防
城の南東部、約700m離れた蛙ヶ鼻地区にわずかに現存する堤防。

2 築堤跡
城跡は公園として整備され、碑や塚などが建てられている。現在は秀吉が築いた築堤などが残る。

3 清水宗治首塚
本丸跡には、開城時に城兵の命と引き換えに切腹した、城主清水宗治の首塚が祀られている。

1

3

2

主な遺構	石積、築堤跡など

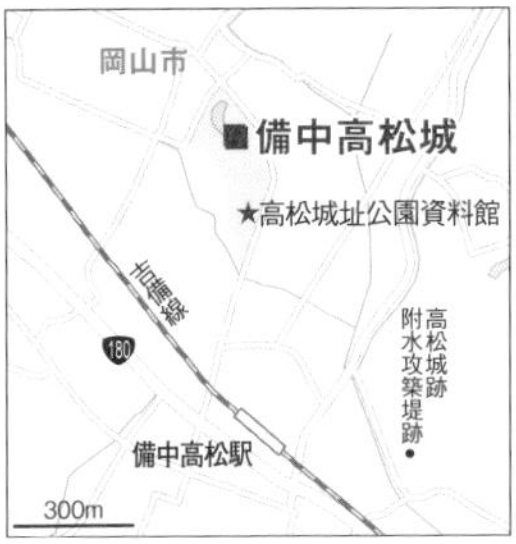

別名	—
城地種類	平城（沼城）
築城年代	16世紀後半か
築城者	石川氏
主要城主	清水氏
文化財史跡区分	国指定史跡
近年の主な復元・整備	公園として整備
主な関連施設	高松城址公園資料館
スタンプ設置所	高松城址公園資料館

続日本100名城

No.172

三原城《みはらじょう》

毛利水軍の拠点となった瀬戸内の海城

広島県三原市

永禄《えいろく》一〇年（一五六七）頃に毛利《もうり》一門の小早川隆景《こばやかわたかかげ》が築いた水軍の要害が前身とされる。天正《てんしょう》五年（一五七七）には織田信長《おだのぶなが》の中国攻めを受けて、毛利輝元《てるもと》が本陣を置く。その後、隆景は筑前《ちくぜん》へ移るが、文禄《ぶんろく》四年（一五九五）に養子秀秋《ひであき》に家督を譲ると、三原に戻り城と城下町を整備した。

河口の三角州を削平し、周辺を埋め立てて築かれた。本丸と二之丸を中心に、東側に三之丸、東西に出丸《でまる》に相当する築出《つきだし》を配置。曲輪《くるわ》は海水を利用した水堀で囲み、船入《ふないり》を設置するなど、典型的な海城《うみじろ》であった。鉄道により損なわれたが、壮大な天主《てんしゅ》台が残る。

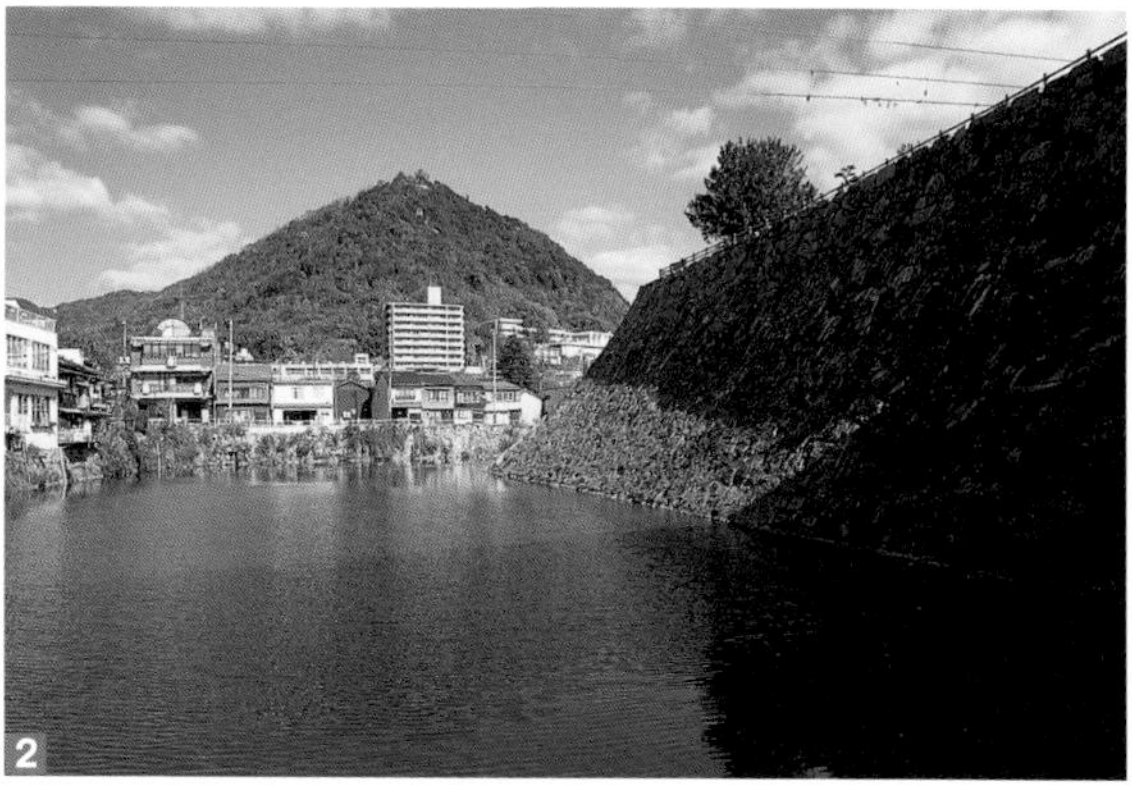

1 天主（天守）台
天主台には天守閣は築かれず、周囲を多聞櫓《たもんやぐら》で囲い、隅櫓《すみ》が築かれていた。

2 本丸西側の石垣
南西側より北側を望む。本丸西側の石垣は小早川時代に築かれたと見られる。なお、後方に見える桜山《さくら》も三原城を守備する拠点の一つであった。

3 小早川隆景像
毛利元就《もとなり》の三男で、次兄の吉川元春《きっかわもとはる》とともに毛利両川《りょうせん》と称されて、毛利氏の中枢を担った。

主な遺構	石垣、天主（天守）台、堀など

別名	浮城、玉壺城など
城地種類	平城（海城）
築城年代	永禄10年（1567）
築城者	小早川隆景
主要城主	小早川氏、福島氏、浅野氏
文化財史跡区分	国指定史跡
近年の主な復元・整備	天主（天守）台堀端を歴史公園として整備
主な関連施設	三原市歴史民俗資料館
スタンプ設置所	（一社）三原観光協会 三原市歴史民俗資料館

＊追記（備考）／現地では古絵図表記にしたがって「天主」を使用

新高山城《にいたかやまじょう》

毛利氏を支えた小早川隆景が築く

広島県三原市

安芸沼田荘《あきぬた》の地頭《じとう》であった小早川《こばやかわ》氏が鎌倉時代に高山《たかやま》城を築いたとされる。天文《てんぶん》二一年（一五五二）に沼田小早川家の養子に入った毛利元就《もうりもとなり》の三男小早川隆景《たかかげ》が、高山城の副塁として築かれた城を修築したのが新高山《にいたかやま》城。隆景は次兄吉川元春《きっかわもとはる》とともに、若年の当主輝元《てるもと》を支えて毛利氏の全盛期を築いた。隆景はその後、三原《みはら》城を築城して本拠を移し、新高山城は廃城となった。

城域は山頂の内郭《ないかく》部と山腹の外郭《がいかく》部に分かれる。内郭部は中の丸を中央に東西に多数の郭《くるわ》を連ね、外郭部は山を攻め登る敵に対し防御を固める、ダイナミックな縄張《なわばり》である。

1 石垣の隅部
釣井《つりい》の段《だん》（井戸郭《いどぐるわ》）に残る石垣。隅部は算木積《さんぎづみ》を志向している。

2 高山城・新高山城を望む
沼田川を挟んで直線距離で約800mの対岸に向き合って位置する。写真右手が高山城、左手が新高山城である。

3 石垣
石垣は三原城の築城に際して運び去られたと伝わるが、多くの石垣を見ることができる。

主な遺構	本丸、詰の丸、中の丸、釣井の段、石垣、土塁など

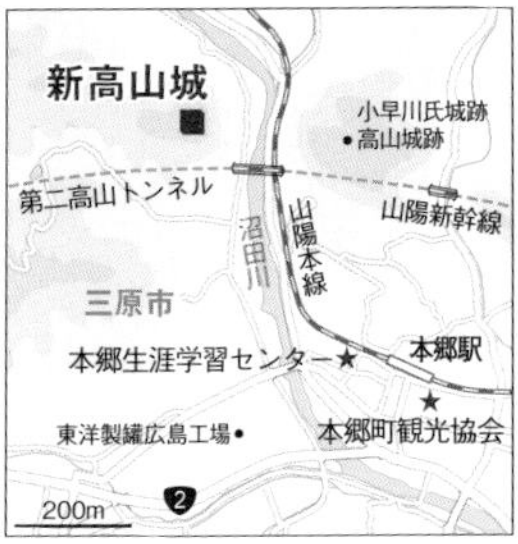

別名	—
城地種類	山城
築城年代	天文21年（1552）
築城者	小早川隆景
主要城主	小早川氏
文化財史跡区分	国指定史跡
近年の主な復元・整備	—
主な関連施設	—
スタンプ設置所	本郷生涯学習センター 本郷町観光協会

続日本100名城

No.174

大内氏館《おおうちしやかた》・高嶺城《こうのみねじょう》

…山口県山口市

将軍邸を模した方形居館と山城

室町時代、周防《すおう》・長門《ながと》の守《しゅ》護《ご》大内氏が山口《やまぐち》に大内氏館を築く。館は京の将軍邸を模したともされる方形居館《ほうけいきょかん》。築地《ついじ》塀《べい》または土塀《どべい》で囲まれた内郭《ないかく》と、堀が外を巡る外郭《がいかく》があったとみられ、池泉《ちせん》庭園、枯山《かれさん》水《すい》庭園などが復元されている。

弘治《こうじ》二年（一五五六）、大内氏最後の当主義長《よしなが》は詰城《つめのしろ》である高嶺城の築城を開始。だが翌年、毛利《もうり》氏が山口へ侵攻すると、義長は未完成の城を捨てて逃亡し、自害。代わって毛利氏が城を完成させた。

高嶺城は標高約三三八mの鴻ノ峰《こうのみね》に築かれた山城《やまじろ》で、頂上部に主郭《しゅかく》、尾根に曲輪《くるわ》を配し、一部には石垣も築かれた。

1 大内氏館の復元西門
屋敷地内を仕切る西門。内郭と外郭を繋ぐ内門であったと思われる。

2 大内氏館跡
東方上空から見下ろす。大内氏は京都や中国・朝鮮とも交流をもち、その拠点の大内氏館では文化が大いに栄えた。北西の山が高嶺城のある鴻ノ峰。

3 高嶺城跡主郭北側の石垣
主郭は石垣で固められ、北東部周辺の石垣は特に良好に残っている。

1

2

3

主な遺構	[大内氏館] 池泉庭園、枯山水庭園など [高嶺城]主郭、石垣、堀切など

別名	[高嶺城]高峰城、鴻峰城
城地種類	[大内氏館]平地居館　[高嶺城]山城
築城年代	[大内氏館]14世紀末？　[高嶺城]弘治2年(1556)
築城者	[大内氏館]大内氏　[高嶺城]大内義長
主要城主	大内氏
文化財史跡区分	国指定史跡
近年の主な復元・整備	[大内氏館]庭園、堀、板塀、門を復元整備
主な関連施設	山口市歴史民俗資料館、大路ロビー
スタンプ設置所	山口市歴史民俗資料館 大路ロビー

No.175

勝瑞城《しょうずいじょう》

細川・三好氏が本拠とした館と城

徳島県板野郡藍住町

築城時期は不明だが、室町時代に阿波《あわ》守護《しゅご》細川《ほそかわ》氏の守護所が置かれていたと伝わる。一六世紀半ばに家臣の三好実《みよしじっ》休《きゅう》が謀反を起こして実権を握り、三好氏も引き続き勝瑞を本拠とした。勝瑞城は長宗我《ちょうそか》部《べ》氏の侵攻に備えて館の北東に築かれたとみられるが、天《てん》正《しょう》一〇年（一五八二）、長宗我部氏に落とされ廃城となる。

城跡は東西約一〇五m、南北約九五mの不整方形で、周囲には水堀と土塁《どるい》を巡らせていた。水堀は幅約一三m、深さ三m以上と大規模で、また土塁は基底部幅約一二・五m、高さ約二・五mで巡っている。水堀と土塁は一部が現存する。

1 勝瑞城跡
城跡は現在、見性寺《けんしょうじ》の境内となっている。手前はかつての城の水堀である。

2 空から望んだ館跡
史跡公園としての整備が進行中で、庭園と水堀跡が表示されている。

3 三好氏4代の墓
三好氏の墓所は見性寺にある。境内には三好氏の歴史を記した「勝瑞義《ぎ》家《ちょう》碑」も建つ。

1

2

3

主な遺構	土塁、堀など

別名	阿波屋形、下屋形、勝瑞屋形
城地種類	平城
築城年代	不明
築城者	不明
主要城主	細川氏、三好氏、十河氏
文化財史跡区分	国指定史跡
近年の主な復元・整備	堀跡・庭園・礎石建物跡やその他整備工事継続中
主な関連施設	史跡勝瑞城館跡展示室
スタンプ設置所	史跡勝瑞城館跡展示室 武田石油

続日本100名城

No.176

一宮城《いちのみやじょう》

広大な城域に数多くの曲輪を置く

徳島県徳島市

南北朝《なんぼくちょう》時代、阿波守護《あわしゅご》小笠《おがさ》原《わら》氏一族の小笠原長宗《ながむね》が築いたという。後に小笠原氏は一宮氏を名乗った。天正《てんしょう》一〇年（一五八二）に長宗我部《ちょうそかべ》氏が阿波を支配すると、一宮氏は滅び城は家臣に与えられた。豊臣秀吉《とよとみひでよし》の四国平定後、阿波国主となった蜂須賀《はちすか》氏が入るが、翌年徳島《とくしま》城を築いて移り、一宮城は支城となった。

鮎喰《あくい》川に面した標高約一四四mの城山一帯に築かれ、東西約八〇〇m、南北約五〇〇mの広大な城域を有する。起伏に富んだピークごとに曲輪《くるわ》を配置し、城内には竪堀《たてぼり》や堀《ほり》切《きり》、土塁《どるい》を巡らす。北東山麓に平時の居館を設けていた。

1 堀切《ほりきり》
尾根続きの才蔵丸《さいぞうまる》（左）と明神《みょうじん》丸（右）を分断している。

2 本丸虎口《こぐち》の石垣
一宮城は土造りの山城《やまじろ》であるが、本丸のみに石垣が築かれている。石垣の築造は蜂須賀氏によると推定されている。本丸の虎口は平入《ひらいり》である。

3 一宮城を望む
眼下には鮎喰川が流れる。

1

2

3

主な遺構	本丸、明神丸、才蔵丸、石垣、堀、土塁など

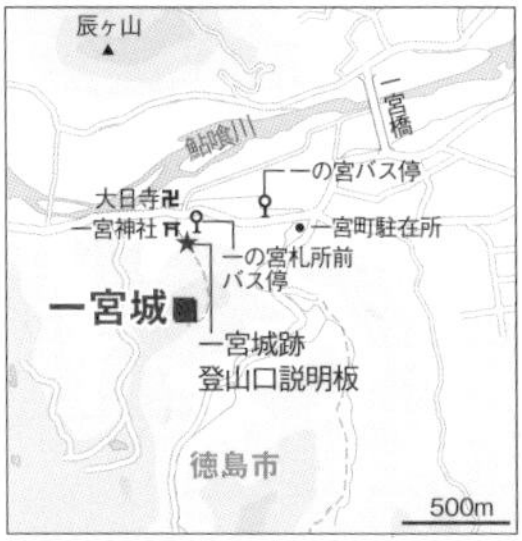

別名	—
城地種類	山城
築城年代	暦応元年（延元3・1338）
築城者	小笠原長宗
主要城主	一宮氏、蜂須賀氏
文化財史跡区分	県指定史跡
近年の主な復元・整備	登山道として整備、本丸石垣の一部積み直し
主な関連施設	—
スタンプ設置所	一宮城跡登山口説明板横

引《ひけ》田《た》城《じょう》

阿波・讃岐の国境を守備した山城

香川県東かがわ市

永正《えいしょう》年間（一五〇四～二一）には、大内《おおうち》氏の家臣寒川《さんがわ》氏に属する四宮《しのみや》氏が城主となった。その後、阿波《あわ》の三好《みよし》氏が城を奪って家臣の矢野《やの》氏に与え、天正《てんしょう》一一年（一五八三）には一時、豊臣秀吉《とよとみひでよし》配下の仙石秀久《せんごくひでひさ》が入る。天正一五年（一五八七）に讃岐《さぬき》を得た生駒親正《いこまちかまさ》が入城し、ほどなく聖通寺《しょうつうじ》城に本拠を移すが、引田城は国境守備の城として重視された。

城山のほぼ全域を取り込み、谷を挟むU字状の二本の尾根上に曲輪《くるわ》を展開していた。北二の丸西面には野面積《のづらづみ》の高石垣《たかいしがき》が築かれ、本丸には古式の算木積《さんぎづみ》が残る。山頂の本丸からは城下町の町並みが望める。

1 北二の丸の高石垣
自然石を積み上げた緩やかな傾斜の野面積。県内最古に分類される石垣である。

2 引田城遠望
南西より望む。尾根上を削平し、周囲を石垣で囲んだ織豊《しょくほう》系城郭。三方が海に面した断崖地形に位置していた。

3 化粧池《けしょういけ》西面の石垣
化粧池は谷筋を堰《せ》き止めた人工の溜《ため》池《いけ》で城内の水源であった。

主な遺構	本丸、北二の丸、石垣など

別名	—
城地種類	山城
築城年代	永正年間（1504～21）、天正～慶長年間（1573～1615）改築
築城者	不明
主要城主	生駒氏
文化財史跡区分	市指定文化財、国史跡
近年の主な復元・整備	—
主な関連施設	東かがわ市歴史民俗資料館
スタンプ設置所	讃州井筒屋敷 引田公民館

続日本100名城
No.178

能島城《のしまじょう》

能島村上氏が活動拠点とした海賊の城

愛媛県今治市

発掘調査の結果から、一四世紀中頃以降の築城と考えられる。能島村上氏は村上《むらかみ》海賊の一族で、来島《くるしま》が本拠の来島村上氏、因島《いんのしま》が本拠の因島村上氏と、後に三島《さんとう》村上氏などと称された。天正《てんしょう》一五年（一五八七）、能島村上氏が小早《こばや》川隆景《かわたかかげ》が筑前《ちくぜん》に移るに伴い廃城となったという。

能島は周囲約一㎞の小島で、最大一〇ノット（時速約一八㎞）の潮流が取り巻く。島全体を階段状に削平し、最高所から本丸、二の丸、三の丸、出《で》丸《まる》を置き、東端に矢櫃《やびつ》と呼ばれる小曲輪《くるわ》を配した。南西下段は船着場などに用いた広い曲輪、北下段は船溜《ふなだまり》であった。

1能島城の岩礁《がんしょう》ピット
岩礁ピットは接岸・繋船に用いたとみられる柱の穴で、能島に数多く残る遺構である。

2能島城を望む
中央左が能島。右は能島城の一部であった鯛崎《たいざき》島。両島を城郭化したのが能島城。左方の鵜《う》島や手前の大《おお》島に、関連する施設を構えていたとみられる。周囲は潮流渦巻く海の難所。

3本丸
本丸をはじめ各曲輪には、土塁《どるい》や堀《ほり》切《きり》などの、普通の城に見られるような防御施設はなく、海に対して開放的な城といえる。

1

2

3

主な遺構	本丸、二の丸、海蝕テラス（武者走状の通路）、岩礁ピットなど

別名	—
城地種類	海城
築城年代	14世紀中頃以降
築城者	不明
主要城主	村上氏
文化財史跡区分	国指定史跡
近年の主な復元・整備	一部園路などが整備されている。現在は景観整備を実施
主な関連施設	今治市村上海賊ミュージアム
スタンプ設置所	今治市村上海賊ミュージアム （休館日は今治市宮窪公民館で押印可）

＊追記（備考）／スタンプは今治市村上海賊ミュージアム常設展示観覧者、または能島上陸＆潮流クルーズ、宮窪瀬戸潮流体験利用者に限り押印。能島上陸にはクルーズが必須。期間・運航状況を確認のうえ要予約。

No.179

河《か》後《ご》森《もり》城《じょう》

中世伊予と土佐の国境最前線の山城

……愛媛県北宇和郡松野町

愛媛県と高知県の県境に位置する松野《まつの》町の中心に立地する。城主には永禄《えいろく》年間（一五五八～七〇）に土佐《とさ》一条《いちじょう》氏から養子に入った河原淵教忠《かわらぶちのりただ》が知られ、長宗我部《ちょうそかべ》氏の侵攻、豊臣秀吉《とよとみひでよし》の四国平定を経て、この地は小早川《こばやかわ》氏、戸田《とだ》氏、藤堂《とうどう》氏、富田《とみた》氏の所領となる。江戸時代には宇和島《うわじま》藩の伊達《だて》氏付家老《つけがろう》桑折《こおり》氏も七〇〇〇石を領し、居城したという。

城域は県下最大規模で二〇haを超え、標高約一七二mを測る最高所の本郭《ほんかく》を中心に、西に九つ、東に七つの曲輪《くるわ》が谷を包み込むようにU字形に連なる。さらに南側には新城《しんじょう》と呼ばれる曲輪群が置かれた。

1 本郭へ登る道
山の斜面の岩盤を平らに削り、階段状の道が設けられた。

2 本郭石垣
本郭には西側と南側に石垣が残っており、中世山城《やまじろ》から近世城郭の段階に至る過渡的状況を示している。

3 西第十曲輪の掘立柱《ほったてばしら》建物（復元）
平成期に西側の地区が整備され、虎《こ》口《ぐち》や建造物なども復元されている。スタンプ設置所。

主な遺構	本郭、新城、古城、西側の曲輪群、堀、土塁、切岸など

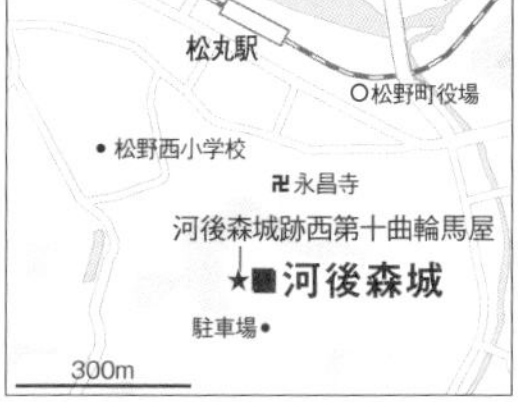

別名	—
城地種類	山城
築城年代	不明
築城者	不明
主要城主	河原淵氏
文化財史跡区分	国指定史跡
近年の主な復元・整備	西第十曲輪・本郭・古城の建物跡の平面表示など
主な関連施設	現在整備中（http://www.town.matsuno.ehime.jp/参照）
スタンプ設置所	河後森城跡西第十曲輪馬屋（史跡現地）

＊追記（備考）／駐車場あり（風呂ヶ谷駐車場）

続日本100名城

No.180

岡豊城《おこうじょう》

四国を代表する戦国武将長宗我部氏の本城

高知県南国市

一五世紀頃の築城と推定される。有力国人《こくじん》の長宗我部《ちょうそかべ》家に生まれた国親《くにちか》は幼少期に城を逐《お》われるも、永正《えいしょう》一五年（一五一八）頃に城に帰還した。その子元親《もとちか》は四国全土をほぼ統一したが、豊臣秀吉《とよとみひでよし》の四国平定によって所領を土佐《とさ》一国に減じられる。元親は本拠の城を大高坂《おおたかさか》《おおだかさ》城へ、その後、浦戸《うらど》城に移した。

国分《こくぶ》川を天然の堀とし、山頂部の詰《つめ》を中心に、北東と西に曲輪《くるわ》を階段状に配する。各所に造られた畝状竪堀群《うねじょうたてぼりぐん》は実に圧巻である。詰や三ノ段《さんのだん》・詰下段《つめかだん》から、礎石《そせき》建物跡が確認されている。

1詰（本丸）
岡豊山山頂部にあり、石敷遺構や礎石建物跡などが見つかっている。

2南東上空から望んだ岡豊城
国分川は天然の水堀であった。副郭《ふくかく》部の伝家老屋敷曲輪や南側斜面部分は史跡としては登録されていないが、発掘調査によって堀切《ほりきり》、土塁《どるい》、土橋《どばし》、柱穴などの遺構が確認されている。

3三ノ段の復元土塁・石積《いしづみ》と礎石建物跡
曲輪の西部から礎石建物跡、土塁の内側から石積が確認された。

1

3

主な遺構	詰、二ノ段、三ノ段、堀切、虎口、土塁、礎石建物跡など

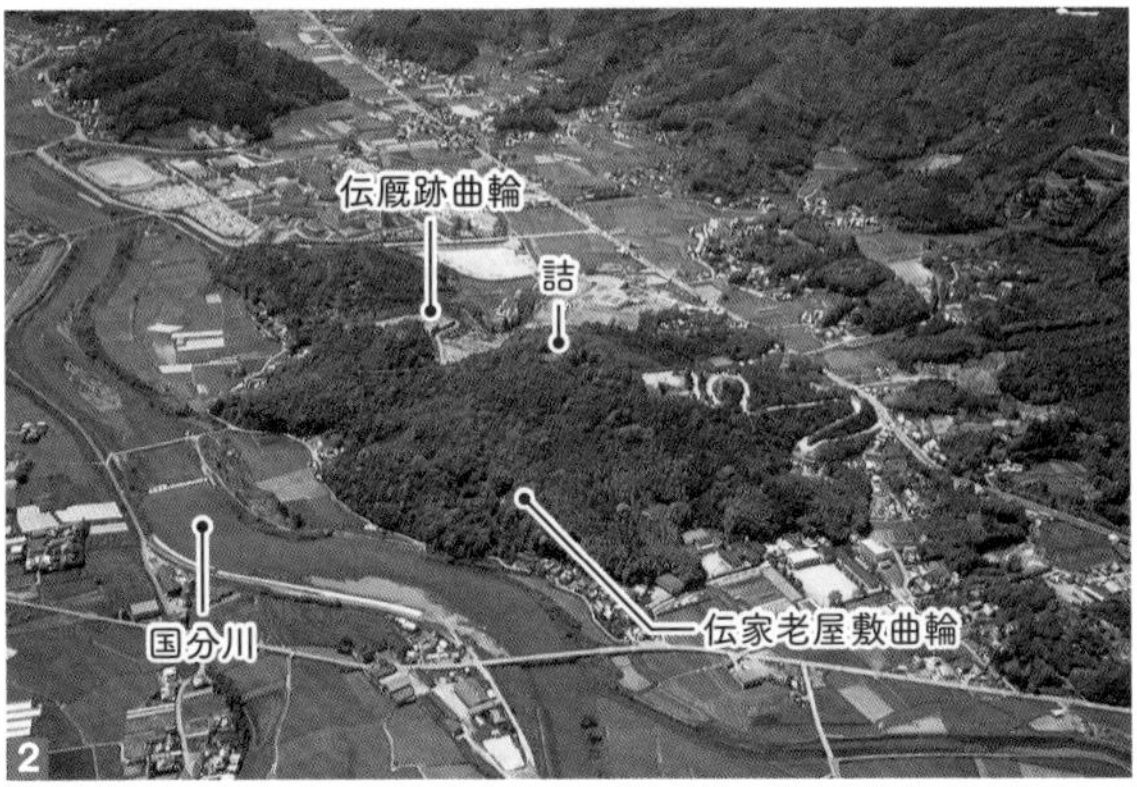

2

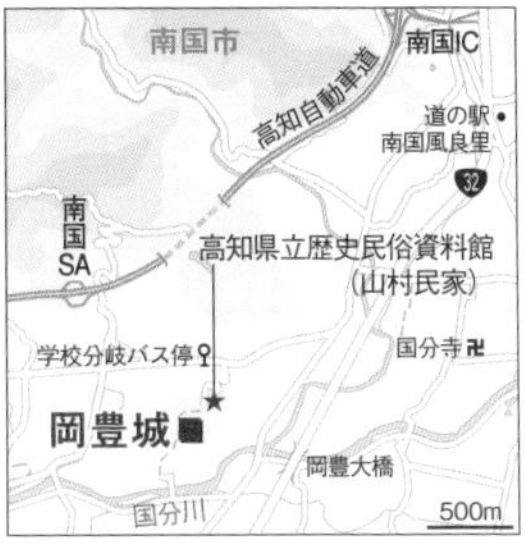

別名	—
城地種類	山城
築城年代	15世紀頃
築城者	長宗我部氏
主要城主	長宗我部氏
文化財史跡区分	国指定史跡
近年の主な復元・整備	歴史公園として整備
主な関連施設	高知県立歴史民俗資料館
スタンプ設置所	高知県立歴史民俗資料館2階総合案内

小倉城《こくらじょう》

無破風の天守がそびえた大城郭

福岡県北九州市

永禄《えいろく》一二年（一五六九）に安芸《あき》の毛利《もうり》氏が現在の本丸周辺に城を築いたという。大友《おおとも》氏家臣の高橋鑑種《たかはしあきたね》を経て、天《てん》正《しょう》一五年（一五八七）に豊臣《とよとみ》秀吉《ひでよし》の家臣毛利（森《もり》）勝信《かつのぶ》が入城して織豊《しょくほう》系城郭へと改修。さらに江戸時代初期、細川忠《ほそかわただ》興《おき》が大改修を施し、現在の城の姿となる。その後は小笠原《おがさわら》氏が入ったが、第二次幕長《ばくちょう》戦争で建物がほぼ焼失した。

小倉湾へ注ぐ紫《むらさき》川河口付近の自然地形を生かした梯郭《ていかく》式の縄張《なわばり》で、本丸を中心に二重三重に水堀を巡らしていた。一部残る石垣や水堀からも、表高40万石の細川氏にふさわしい豪壮さが感じられる。

1 大手門跡
本丸東の表門であり、家老など限られた一部の者だけが通行を許されていた。

2 昭和期の復興天守
細川忠興が築いた天守は最上重以外は破風《はふ》が一切ない層塔《そうとう》型であったが、復興天守は大きな入母屋《いりもや》破風ほか多くの破風をもつ望楼《ぼうろう》型で再建された。

3 本丸石垣
赤線の右は毛利勝信時代、左は細川忠興時代の石垣。

1

2

3

主な遺構	本丸、北の丸、二の丸、松の丸、三の丸、堀、石垣など

別名	勝山城、湧金（ゆうきん）城
城地種類	平城
築城年代	慶長7年（1602）
築城者	細川忠興
主要城主	細川氏、小笠原氏
文化財史跡区分	—
近年の主な復元・整備	冠木門
主な関連施設	小倉城天守
スタンプ設置所	しろテラス

続日本100名城

No.182

水《みず》城《き》

白村江の敗戦を機に大宰府防衛線として築造

福岡県太宰府市、大野城市、春日市

「筑紫《つくし》に大堤を築き水を貯《たくわ》へ、名づけて水城と曰《い》う」と『日《に》本書紀《ほんしょき》』にある。天智《てんじ》天皇三年（六六四）の築城で、前年の白村江の戦いで敗れた倭国《わこく》（日本）が、国土防衛のために築いた防備施設である。ヤマト政権は対馬《つしま》・壱岐《いき》・筑紫などに防人《さきもり》と烽《とぶひ》（のろし台）を配備し、翌年には大野《おおの》城や基肄《きい》城なども築いた。

福岡平野が最も狭くなったところを南北に遮断するように築造され、総延長約一・二km、高さ約一〇mの直線的な土塁《どるい》と外濠《そとぼり》（博多《はかた》側の濠）と内濠《うちぼり》（大宰府《だざいふ》側の濠）を組み合わせていた。土塁の東と西には東門と西門が設けられた。

1 水城木樋《もくひ》
発掘調査により、土塁の下に木樋（導水管）があることがわかった。木樋によって内濠から外濠に通水していた。

2 上空から見た大野城と水城
大野城から水城を結ぶラインが大宰府防衛の北側のラインであった。

3 水城跡
写真は東門付近。後方の樹木が茂った部分が水城土塁。土塁の高さは約10mあった。

1

2

3

主な遺構	土塁、濠、門(門礎石)、木樋、官道跡など

別名	—
城地種類	築堤
築城年代	天智天皇3年(664)
築城者	ヤマト政権
主要城主	不明
文化財史跡区分	国指定特別史跡
近年の主な復元・整備	東門に連なる丘陵の復元、東門近くの官道
主な関連施設	水城館、土塁断面ひろば、水城ゆめ広場
スタンプ設置所	水城館　大野城心のふるさと館 JR水城駅　大野城市役所　太宰府市役所

＊追記(備考)／水城館休館時は太宰府市役所文化財課で、大野城心のふるさと館休館時は大野城市役所新館3階行政資料室で押印可能

No.183

久《く》留《る》米《め》城《じょう》

有馬氏が約七〇年かけて完成させた城

福岡県久留米市

永正《えいしょう》年間(一五〇四~二一)に在郷勢力が築いた久留米城(笹原《ささはら》城)が前身とされる。天正《てんしょう》一五年(一五八七)の豊《とよ》臣秀吉《とみひでよし》による九州平定後、毛《もう》利秀包《りひでかね》が入封《にゅうほう》し修築。秀包は関ヶ原《せきがはら》の戦いで西軍に与《くみ》して改易《かいえき》され、城は柳川《やながわ》城の田中《たなか》吉政《よしまさ》の支城となった。田中氏が二代で無嗣《むし》断絶後、有馬豊《ありまとよ》氏《うじ》が入り、約七〇年かけて大規模な改修を行い完成させた。

筑後《ちくご》川中流の丘陵上に築かれた平城《ひらじろ》で、本丸から直線的に南に二の丸、三の丸、外郭《そとぐるわ》を配し、水堀を巡らせた連郭《れんかく》式の縄張《なわばり》であった。本丸は高《たか》石垣《いしがき》で囲まれ、七基の三重櫓《さんじゅうやぐら》と多聞《たもん》櫓で守られていた。

1 本丸大手虎口《こぐち》
南側正面の虎口は、近世城郭の典型的な枡形《ますがた》虎口として築かれた。

2 本丸南西部の高石垣
城内にあった建築物は明治維新後にすべて破却されたが、本丸の高石垣は当時の威容を伝えている。

3 篠山《ささやま》神社
本丸御殿跡に建つ篠山神社には有馬豊氏ら5人の有馬家当主が祀られている。

主な遺構 石垣、堀、櫓跡、井戸など

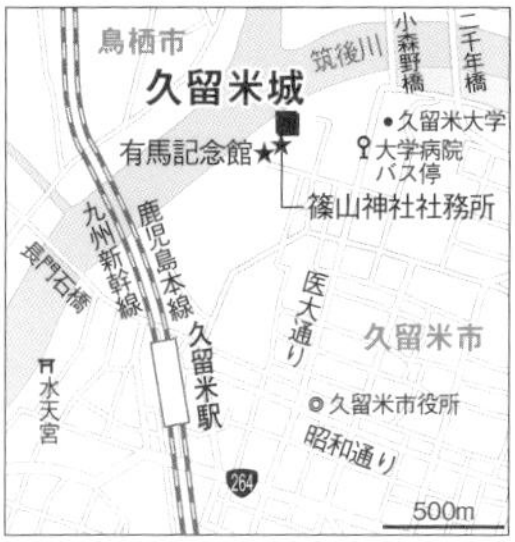

別名	笹原城、篠原城、篠山城
城地種類	平城
築城年代	天正15年(1587)、元和7年(1621)
築城者	毛利秀包、有馬豊氏
主要城主	丹波氏、毛利氏、田中氏、有馬氏
文化財史跡区分	県指定史跡
近年の主な復元・整備	—
主な関連施設	有馬記念館
スタンプ設置所	篠山神社社務所 有馬記念館

続日本100名城

No.184

基肄城《きいじょう》

佐賀県三養基郡基山町、福岡県筑紫野市

大宰府防衛を担った「日本最古の朝鮮式山城」

「大野《おおの》及び椽《き》（基肄）二城を築かしむ」と『日本書紀《にほんしょき》』に記された日本最古の朝鮮式山《ちょうせんしきやま》城《じろ》。築城は天智《てんじ》天皇四年（六六五）で、前年築城の水城《みずき》と同じく、二年前の白村江《はくそんこう》の敗戦を経ての国土防衛線構築の一環であった。水城を挟んで、この基肄城と大野城を結ぶラインが大宰府《だざいふ》の外郭《がいかく》を形成していたと考えられる。

標高約四〇五mの基山《きざん》から東の東峰にかけて大小の谷を囲みながら、約三・九㎞の城壁を巡らせていた。城壁の大部分は土塁《どるい》であったが、谷部には石塁《せきるい》が築かれていた。石塁や水門などからは、古代の優れた土木技術がうかがえる。

1 東北門跡
城域の東北部に連なる土塁を幅約2.7m切り割って造られた門跡。

2 南門跡（水門跡）
南水門は、土塁線が南に開く大きな谷をまたぐために築かれた石塁に設けられた。現在も水が流れ続けている。

3 大礎石《そせき》群
基山山頂部の東側斜面の平坦部分に立地する。大型の倉庫とも考えられる。

主な遺構	礎石建物群、石塁、水門、門跡、鐘撞跡、つつみ跡、土塁線、いものがんぎなど

別名	椽城
城地種類	山城（朝鮮式山城）
築城年代	天智天皇4年（665）
築城者	ヤマト政権
主要城主	不明
文化財史跡区分	国指定 特別史跡
近年の主な復元・整備	水門跡において、石垣の保存修理を実施
主な関連施設	基山町立図書館郷土資料展示コーナー
スタンプ設置所	基山町民会館

＊追記（備考）／図書館ではシーズンによっては特別史跡基肄城跡出土資料を見ることができない場合がある（基肄城関連書籍は閲覧可能）。

No.185

唐《から》津《つ》城《じょう》

松浦川河口を守った海城

佐賀県唐津市

関ケ原《せきがはら》の戦いの戦功で加増された寺沢広高《てらざわひろたか》が、その一二万三〇〇〇石にふさわしい規模の居城とするべく慶長《けいちょう》七年(一六〇二)から約七年がかりで完成させた。だが、二代堅高《かたたか》は後に島原《しまばら》・天草《あまくさ》一揆の責任を問われて減封《げんぽう》され、死去すると寺沢氏は無嗣《むし》断絶。城にはその後、幕末までに五家一八代の譜代《ふだい》大名が入った。

松浦《まつうら》川の河口に半島状に突き出した満島《まんとう》山に築かれた平《ひら》山城《やまじろ》。先端の最高所に本丸を置き、一段下に二の曲輪《くるわ》、山麓に腰曲輪《こしぐるわ》を巡らせ、その西側に二の丸、三の丸を配する。腰曲輪は高石垣《たかいしがき》で固め、二重三重に本丸を防御していた。

1 模擬天守
昭和41年(1966)に建てられた歴史博物館で、外観は肥前《ひぜん》名護屋《なごや》城の絵図に描かれた天守をイメージ。

2 唐津城全景
東側から望む。唐津湾に突き出した城姿は浮城《うきじろ》の呼び名にふさわしく、海に浮かんでいるように見える。

3 復元された本丸櫓門《やぐらもん》
二の曲輪から本丸への入口となる門。

主な遺構	本丸、石垣など

別名	舞鶴城
城地種類	平山城
築城年代	慶長13年(1608)
築城者	寺沢広高
主要城主	寺沢氏、大久保氏、松平氏、土井氏、水野氏、小笠原氏
文化財史跡区分	―
近年の主な復元・整備	―
主な関連施設	唐津城天守閣
スタンプ設置所	唐津城天守閣1階

＊追記(備考)/本丸櫓門が令和3年(2021)5月に完成

続日本100名城

No.186

金田城《かねだじょう》

倭国を守るため対馬に築かれた古代山城

長崎県対馬市

天智《てんじ》天皇二年（六六三）の白村江《はくそんこう》の戦いの大敗後、ヤマト政権の国土防衛構想は段階的に進められた。翌年に水城《みずき》、翌々年に基肄《きい》城と大野《おおの》城および長門《ながと》に城が築かれ、大宰府《だざいふ》防衛ラインが固められる。天智天皇六年（六六七）には金《かね》田《だ》城・高安《たかやす》城・屋嶋《やしま》城が築かれた。金田城は朝鮮半島にもっとも近く、文字どおり国土防衛の最前線であった。

下対馬《つしま》の北端部、三方を入江に囲まれた標高約二七五mの城山を城地としていた。石《せき》塁《るい》で築かれた城壁は総延長約三km、最大高さ約七mに達し、遺構の規模から当時の国際的緊張を感じることができる。

1 一ノ城戸《いちのきど》の石垣
下部は自然石、上部は目地《めじ》を揃えた切石《きりいし》で積まれており、後世の修復とわかる。

2 南東部の石塁
明治時代の旧軍道を利用した登山道の最初の分岐点に残る、突出部（張り出し）をもつ石塁。写真奥には黒瀬《くろせ》湾が見える。

3 ビングシ山掘立柱《ほったてばしら》建物跡
二ノ城戸《にのきど》南の丘にあり、防人《さきもり》たちの居住した跡と推定され、内部に炉の跡も確認されている。

主な遺構	石塁、土塁、城門跡など

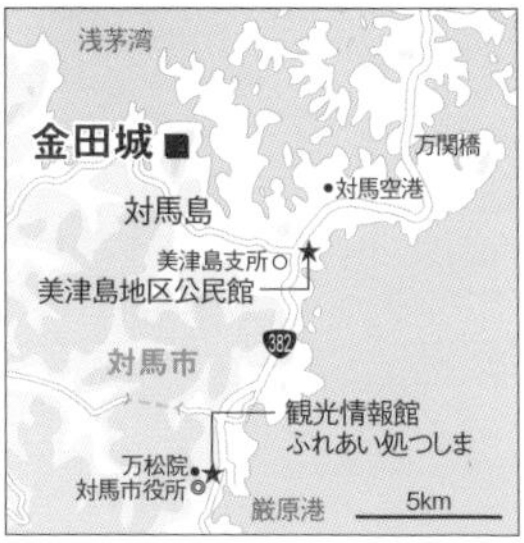

別名	金田城（かなたのき）
城地種類	山城（朝鮮式山城）
築城年代	天智天皇6年（667）
築城者	ヤマト政権
主要城主	不明
文化財史跡区分	国指定特別史跡
近年の主な復元・整備	—
主な関連施設	—
スタンプ設置所	美津島地区公民館 観光情報館ふれあい処つしま

＊追記（備考）／登山口の駐車スペースは4～5台ほど

福江城《ふくえじょう》

江戸時代最末期に完成した海城

長崎県五島市

　五島《ごとう》列島福江島の福江藩主五島氏は、慶長《けいちょう》一九年（一六一四）に居城の江川《えがわ》城が火災で焼失した後、石田陣屋《いしだじんや》を藩庁としていた。歴代藩主は幕府に再三築城許可を願い出て、嘉永《かえい》二年（一八四九）にようやく許可が下りる。工事は難航の末、文久《ぶんきゅう》三年（一八六三）に完成をみるも、ほどなく明治維新を迎え廃城となった。

　福江城は海防目的の海城《うみじろ》という性質が濃い。水堀で本丸を囲み、さらに二の丸、三の丸を輪郭《りんかく》式に巡らせ、北側に北の丸を置いた。海中に突出していたこれらの遺構の中で、藩主隠殿《いんでん》屋敷（隠居屋敷）の庭園は閑静な佇まいを見せる。

1 外堀と搦手門《からめてもん》（蹴出《けだし》門）
藩主が城内で飼っていた馬が出入りしたため、蹴出門と呼ばれる。

2 福江城隠殿屋敷と庭園
藩主の隠殿屋敷（隠居屋敷）は海から離れた、海防上城内でもっとも安全な場所に築かれ、心字《しんじ》が池《いけ》を中心に庭園が造られている。

3 舟入跡《ふないり》
三の丸東隅部に舟入を設け、城内から直接海に出られるようになっていた。

主な遺構	本丸、二の丸、石垣、門、庭園、常灯鼻など

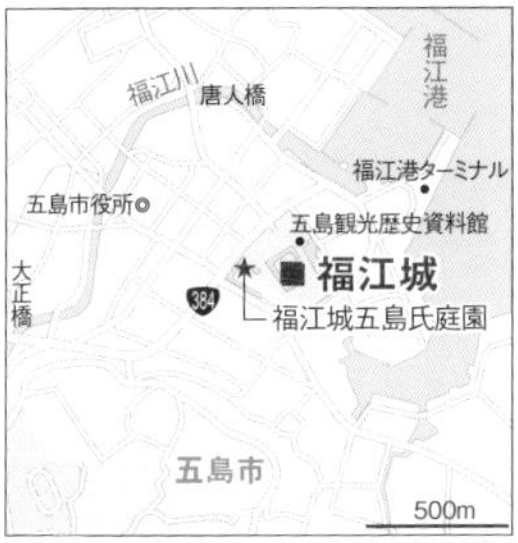

別名	石田城
城地種類	平城（海城）
築城年代	嘉永2年（1849）
築城者	五島盛成
主要城主	五島氏
文化財史跡区分	県指定史跡、国指定名勝（五島氏庭園・心字が池）
近年の主な復元・整備	隠殿屋敷復元整備
主な関連施設	五島氏庭園心字が池管理事務所、五島観光歴史資料館
スタンプ設置所	福江城五島氏庭園

続日本100名城

No.188

原城《はらじょう》

島原・天草一揆で天草四郎ら一揆軍が籠城

長崎県南島原市

慶長《けいちょう》四年（一五九九）から有《あり》馬《ま》晴信《はるのぶ》により築かれた。有馬氏の転封《てんぽう》後、松倉《まつくら》氏が入封《にゅうほう》する。松倉氏は原城を廃城とし、新たに巨大な島原《しまばら》城を築城し、苛政と過酷なキリシタンの取り締まりを行った。寛《かん》永《えい》一四年（一六三七）に島原・天草《あまくさ》一揆が勃発。一揆軍は原城に籠《こ》もり、幕府軍に最後まで抵抗を続けた。鎮圧後、城は徹底的に破壊された。

海岸に突出した標高一〇～三〇mほどの丘陵上に築かれた平山城《ひらやまじろ》で、本丸、二ノ丸、三ノ丸、天草丸などの曲輪《くるわ》を配した。有明《ありあけ》海と低湿地帯に囲まれ、敵兵の侵入を阻む天然の要害であった。

1 本丸門跡
石塁《せきるい》を張り出した外枡形《そとますがた》の出入口であり、本丸へ続く最後の門である。

2 破壊された石垣
一揆後に幕府が念入りに破壊した石垣の様子がわかる。

3 天草四郎像
長崎の平和祈念像などを手がけた北《きた》村西望《むらせいぼう》（南島原市出身）の制作。本丸に建つ。

1

3

2

主な遺構	本丸、二ノ丸、天草丸、石垣、櫓台跡、門跡、空濠など

別名	日暮（ひぐらし）城
城地種類	平山城
築城年代	慶長4～9年（1599～1604）
築城者	有馬晴信
主要城主	有馬氏
文化財史跡区分	国指定史跡
近年の主な復元・整備	—
主な関連施設	有馬キリシタン遺産記念館
スタンプ設置所	原城跡総合案内所（本丸前） 有馬キリシタン遺産記念館

続日本100名城

No.189

鞠智城《きくちじょう》

大宰府の防衛を担った補給基地

熊本県山鹿市、菊池市

築城年は不明だが、文武《もんむ》天皇二年（六九八）に大野《おおの》城、基肄《きい》城とともに修復されたと『続日本紀《しょくにほんぎ》』にある。発掘調査では七世紀後半～一〇世紀中頃まで存続したとされる。

城のある米原《よなばる》台地は標高約九〇～一七一mで、大宰府《だざいふ》の約六二km南方に位置する交通の要所であった。城域には、国内古代山城《こだいさんじょう》で唯一とみられる八角形建物跡をはじめ七二棟の建物跡と城門跡、土塁《どるい》跡、水門跡、貯水池跡などの遺構があり、食糧や物資などの補給基地や政庁として機能したと考えられる。外周部は、自然地形の崖を含めて石塁《せきるい》と土塁の城壁で囲まれていた。

1 八角形鼓楼《ころう》
高さ約15.8mの復元建物。平面八角形で三層建ての建物。

2 鞠智城空撮
南東上空から見下ろす。中央の八角形鼓楼から左方向に米倉《こめぐら》、兵舎《へいしゃ》、板倉《いたぐら》の4棟の古代建築が復元されている。

3 宮野礎石群《みやのそせき》(49号建物跡)
城内で発見された最大の礎石建物跡。法倉《ほうそう》(特殊な倉)があったとみられる。※礎石は当時のまま展示。

1

2

3

主な遺構	建物跡、土塁跡、城門跡、貯水池跡など

別名	鞠智城(くくちのき)
城地種類	山城(古代山城)
築城年代	天智4～6年(665～667)頃
築城者	ヤマト政権
主要城主	—
文化財史跡区分	国指定史跡
近年の主な復元・整備	復元建物(八角形鼓楼、倉庫など)、散策路など
主な関連施設	歴史公園鞠智城・温故創生館
スタンプ設置所	歴史公園鞠智城・温故創生館(館内)

続日本100名城

No.190

八代城《やつしろじょう》

破風のない四重天守がそびえ建つ

熊本県八代市

江戸時代初期、加藤《かとう》氏が熊《くま》本《もと》城の支城として築く。付近には南北朝《なんぼくちょう》時代に築かれた古《ふる》麓《ふもと》城、織豊《しょくほう》期に築かれた麦島《むぎしま》城があり、加藤氏は関ヶ原《せきがはら》の戦い後に麦島城を支城としたが、大地震で倒壊。幕府の許可を得て元和《げんな》八年(一六二二)に竣工したのが八代城である。その後、細川《ほそかわ》氏の時代には筆《ひっ》頭家老《とうかろう》松井《まつい》氏が城代を務めた。

本丸は大小天守、および月《つき》見櫓《みやぐら》、宝形《ほうぎょう》櫓、三十間《さんじっけん》櫓などの櫓群が塁線《るいせん》を固めた。本丸を囲む二の丸、大きな三の丸、さらに北の丸や出丸《でまる》が置かれ、中枢部は二重の水堀で囲まれる。北の丸には細川三斎《さんさい》(忠《ただ》興《おき》)作庭の庭園跡が残る。

1 本丸の大天守台
左奥のひときわ高い石垣が大天守台。この上に八代城を象徴する四層の大天守がそびえていた。

2 欄干橋《らんかんばし》
本丸の東側にある入口。かつてここには木の橋が架けられていた。橋を渡ると高麗門《こうらいもん》と頬当御門《ほおあてごもん》(櫓門)が防御を固めていた。

3 本丸跡(八代宮)
明治期に八代宮が創建され、石垣の一部が撤去されて参道となった。

主な遺構	石垣など

別名	松江城
城地種類	平城
築城年代	元和8年(1622)
築城者	加藤正方
主要城主	加藤氏(城代)、細川氏、松井氏
文化財史跡区分	国指定史跡
近年の主な復元・整備	—
主な関連施設	八代市立博物館未来の森ミュージアム*
スタンプ設置所	八代市立博物館未来の森ミュージアム* 八代市民俗伝統芸能伝承館

＊追記(備考)／「八代城跡群　古麓城跡　麦島城跡　八代城跡」として国指定史跡に指定されている
＊令和6年7月より八代市立博物館未来の森ミュージアムの改修・休館に伴い、八代市民俗伝統芸能伝承館でスタンプ押印

中《なか》津《つ》城《じょう》

黒田氏が着工し、細川氏により完成

大分県中津市

天正《てんしょう》一六年（一五八八）に黒田孝高《くろだよしたか》（官兵衛《かんべえ》）が着工したが、未完成のうちに一〇年以上が過ぎた。関ヶ原《せきがはら》の戦い後に細川忠興《ほそかわただおき》が入封《にゅうほう》し、小倉《こくら》城と並行して中津城の大修築も開始。中津城完成後、忠興は家督と小倉城を三男忠利《ただとし》に譲り、中津城に隠居した。

縄張《なわばり》は梯郭《ていかく》式と連郭《れんかく》式を組み合わせ、北を中津川に守られる後堅固《うしろけんご》の城で、河口デルタ地帯を利用し、城下を囲む総構《そうがまえ》を有していた。合計二二基の櫓《やぐら》と八棟の城門が築かれたが、天守は建てられなかった。本丸北東面では、細川氏の石垣と黒田氏の石垣が接した継ぎ目が見られる。

1 鉄門跡《くろがねもん》
中津川に面して開かれ、河川から直接本丸につながっていた。現在は石垣で開口部が埋められている。

2 模擬天守
昭和39年（1964）、旧藩主の子孫奥平《おくだいら》昌信《まさのぶ》氏が本丸北東隅に模擬五重天守、その南側に復興二重櫓を建てた。

3 天守から河口を望む
天守最上階からの眺望。中津川河口の先、周防灘《すおうなだ》まで一望できる。

主な遺構	石垣、堀、土塁など

別名	丸山城、人家（じんか）城、扇（せん）城、小犬丸城
城地種類	平城（海城）
築城年代	天正16年（1588）
築城者	黒田孝高
主要城主	黒田氏、細川氏、小笠原氏、奥平氏
文化財史跡区分	県指定史跡
近年の主な復元・整備	模擬天守、本丸南西部を中心に石垣を解体復元、堀復元
主な関連施設	中津城、中津市歴史民俗資料館、黒田官兵衛資料館
スタンプ設置所	中津城内

続日本100名城

No.192

角《つの》牟《む》礼《れ》城《じょう》

島津氏も落とせなかった要害

大分県玖珠郡玖珠町

弘安《こうあん》年間（一二七八〜八八）に豊後《ぶんご》の土豪、森朝通《もりともみち》が居城したと伝わる。天文《てんぶん》年間（一五三二〜五五）には大友《おおとも》氏の支配下にあり、天正《てんしょう》一四年（一五八六）からの島津《しまづ》氏の侵攻に耐えた。豊臣秀吉《とよとみひでよし》の九州平定後、文禄《ぶんろく》二年（一五九三）に大友義統《よしむね》が改易《かいえき》されると、翌年毛利高政《もうりたかまさ》が入封《にゅうほう》し、織豊《しょくほう》系城郭へと改修される。関ケ《せきが》原《はら》の戦い後、高政の佐伯転封《さいきてんぽう》に伴い廃城となった。

標高五七六mの角埋《つのむれ》山の山頂に本丸を置き、山腹に二の丸、その南西側に三の丸を配していた。文禄・慶長《けいちょう》期の縄《なわ》張《ばり》や、山を巡るように長大な石垣が今も残っている。

1 二の丸南虎口《こぐち》の石垣
全長約100mの石垣が残されている。

2 西門の礎石《そせき》
西虎口より入る場所からは礎石建物跡が発掘された。調査結果より、9×4.5mの規模を誇る門の遺構であることが確認されている。

3 角牟礼城遠望
角埋山の麓にある江戸時代に築かれた久留島陣屋《くるしまじんや》（森《もり》陣屋）跡からも、角牟礼城が見える。切り立った岩山の要害であることがよくわかる。

1

2

3

主な遺構	本丸、二の丸、三の丸、石垣、堀、虎口など

別名	角埋城
城地種類	山城
築城年代	弘安年間（1278〜88）？
築城者	森氏（玖珠郡衆）
主要城主	森氏、毛利氏
文化財史跡区分	国指定史跡
近年の主な復元・整備	二の丸西曲輪石垣の解体修復工事
主な関連施設	豊後森藩資料館
スタンプ設置所	豊後森藩資料館 くすまちメルサンホール

臼杵城《うすきじょう》

強敵島津氏も退けた大友氏の堅城

大分県臼杵市

大友義鎮《おおともよししげ》（宗麟《そうりん》）が弘治《こうじ》二年（一五五六）に築城した。天正《てんしょう》一四年（一五八六）に島《しま》津《づ》氏の軍勢に囲まれるが、堅城ぶりで持ちこたえる。豊臣《とよとみ》秀吉《ひでよし》の九州平定後、大友氏は改易《かいえき》され、福原《ふくはら》・太田《おおた》・稲葉《いなば》氏と城主を変えつつ改修を重ね、稲葉氏が一五代続いた。

臼杵川河口の島を利用した天然の要害で、島の東を本丸、西を二の丸とし、本丸には天守や本丸御殿、南側には自然地形を利用した船着場を設けていた。本丸と二の丸には四重天守をはじめ二五基ほどの櫓《やぐら》を並べ、複雑な折れを多用した土塀《どべい》で塁線《るいせん》を固めている。畳《たたみ》櫓などが現存する。

1 天守台石垣
もとは7m以上の高さであった。大正期に公園整備のため上部が撤去された。

2 臼杵城正面
手前の橋は現存する石橋の古橋《ふるはし》。古橋口から白い土塀が続く。鐙坂《あぶみざか》を登って、右端奥の畳櫓（現存）の前を通って左に曲がり、中央奥の大門をくぐると二の丸へ出る。

3 国崩《くにくずし》（複製）
大友氏がポルトガルから入手した。島津軍撃退に威力を示したといわれる。

主な遺構 櫓、庭園、天守台、石垣など

別名	丹生島城、亀城
城地種類	平山城（海城）
築城年代	弘治2年（1556）
築城者	大友義鎮（宗麟）
主要城主	大友氏、福原氏、太田氏、稲葉氏
文化財史跡区分	県指定史跡
近年の主な復元・整備	大門櫓
主な関連施設	臼杵市歴史資料館
スタンプ設置所	臼杵市観光交流プラザ

＊追記（備考）／現在は埋め立てられているが、海に浮かぶ島城ともいえる形態であった

続日本100名城

No.194

佐《さ》伯《いき》城《じょう》

毛利氏が関ヶ原の戦いの後に築いた山城

大分県佐伯市

慶長《けいちょう》七年（一六〇二）、毛《もう》利《り》高政《たかまさ》が築城を開始し、四年がかりで完成した。当初は本丸に三重天守と二重櫓《にじゅうやぐら》五基などが並んでいたというが、元《げん》和《な》三年（一六一七）に本丸と天守は焼失する。毛利氏六代藩主高慶《たかやす》の宝永《ほうえい》六年（一七〇九）から約一九年に及ぶ大改修で、天守以外の建物が修復・再建された。

本丸の中心部には大きな天《てん》守曲輪《しゅぐるわ》が置かれ、北と南西の尾根に北出丸《でまる》、二の丸、西出丸を連郭《れんかく》式に配置し、総石垣で囲むという、工夫を凝らした縄張《なわばり》である。また、西の斜面には山城《やまじろ》の水の手として貴重な貯水池の遺構が現存する。

1 堀切《ほりきり》
本丸と二の丸の間は堀切で遮断され、廊下橋を架けて連絡していた。

2 二の丸から天守台を望む
当時、山頂の天守へと入るには山を登り、二の丸を経由して幅の狭い廊下橋と階段を通るのが唯一のルートだった。毛利高政による複雑で立体的な縄張の工夫を感じることができる。

3 三の丸櫓門《やぐらもん》
現在の門は天保《てんぽう》3年（1832）の改築。県有形文化財。

主な遺構	天守曲輪、本丸、二の丸、西出丸、北出丸、石垣、水の手（雄池、雌池）、登城道、門など

別名	鶴屋城、鶴ヶ城、塩屋城
城地種類	山城
築城年代	慶長7〜11年（1602〜1606）
築城者	毛利高政
主要城主	毛利氏
文化財史跡区分	大分県指定有形文化財1件（三の丸櫓門）
近年の主な復元・整備	—
主な関連施設	佐伯市歴史資料館
スタンプ設置所	佐伯市歴史資料館受付（休館日は佐伯市城下町観光交流館）

延岡城《のべおかじょう》

千人殺しなどの石垣が多く残る

宮崎県延岡市

　日向国《ひゅうが》縣松尾《あがたまつお》城主高橋元種《たかはしもとたね》は、関ヶ原《せきがはら》で西軍から寝返って東軍につき、所領を安堵された。元種は慶長《けいちょう》八年（一六〇三）に縣城を完成させて居城を移したが、慶長一八年（一六一三）に改易《かいえき》。翌年、有馬《ありま》氏が入封《にゅうほう》、二代康純《やすずみ》の明暦《めいれき》元年（一六五五）には天守代用の三階櫓《さんがいやぐら》、二階櫓などが建てられた。有馬氏は三代続き、地名も「延岡」と変わる。

　城は五ヶ瀬《ごかせ》川と大瀬《おおせ》川に挟まれた標高約五三mの山丘にある。天守台と本丸、二の丸からなる中枢部には築城期や有馬期の石垣が多く残る。特に二の丸から望む千人殺《せんにんごろ》しと呼ばれる高石垣《たかいしがき》は圧巻である。

1 北大手門
礎石《そせき》や石垣に残る袖塀《そでべい》の痕跡などを基に、平成5年（1993）に復元された。

2 千人殺しの石垣
高さ約19mの石垣。一番下の隅石を外すと石垣が崩れ落ち、敵の大軍を殲滅《せんめつ》する仕掛けになっていると伝わる。

3 本丸
明治維新後も、延岡の発展に貢献した最後の藩主内藤政挙《ないとうまさたか》の銅像が建つ（左方）。

主な遺構	本丸、二の丸、三の丸、天守台、石垣、櫓台など

別名	亀井城、縣城
城地種類	平山城
築城年代	慶長8年（1603）
築城者	高橋元種
主要城主	高橋氏、有馬氏、三浦氏、牧野氏、内藤氏
文化財史跡区分	市指定史跡
近年の主な復元・整備	北大手門復元、階段・園路整備
主な関連施設	内藤記念館（延岡市役所南別館にて仮移転展示）
スタンプ設置所	城山公園（延岡城）二の丸広場管理事務所前

＊追記（備考）／内藤記念館再整備に伴い、延岡市役所南別館にて仮移転展示。新博物館（延岡市天神小路255-1）は2022年度に開館予定

続日本100名城

No.196

佐土原城《さどわらじょう》

日本最南端の天守台が残る城

宮崎県宮崎市

南北朝《なんぼくちょう》～室町《むろまち》前半、日向伊《ひゅうがい》東《とう》氏の一族、田島《たじま》氏がこの地に築城したという。その後、日向伊東氏本家が城を奪い佐土原氏と称した。この城は天文《てんぶん》六年（一五三七）に焼失するが、後に伊東義祐《よしすけ》が再建し、「伊東四八城」の中心となった。その後、城は島津《しまづ》氏に奪われ、豊臣秀吉《とよとみひでよし》の九州平定後も島津氏の領有が認められた。

佐土原町西部の標高約七〇mの険しい山に築かれていた。山中へと至る道は切通《きりどお》しで、狭く急な道を上った山中に本丸、南の城、松尾丸《まつおのまる》の三つの主要曲輪《くるわ》が並び、本丸には天守が建てられた。天守は日本最南端に建つものであった。

1 大手道

鶴松館《かくしょうかん》の裏から入っていくと、狭く急な登城路が、本丸に続く大手道となっている。

2 天守台跡

江戸時代初期に取り壊された天守台の跡。発掘調査により、石材の多くは失われていたことが判明した。

3 二の丸跡(鶴松館)

御殿は山上にあったが、寛永《かんえい》2年(1625)に二の丸へ移された。現在は資料館(鶴松館)が建っている。

1

2

3

主な遺構	本丸、南の城、松尾丸、天守台、堀、土塁など

別名	鶴松城、田島之城
城地種類	山城
築城年代	南北朝～室町期前半
築城者	田島氏
主要城主	伊東氏、島津氏
文化財史跡区分	国指定史跡
近年の主な復元・整備	—
主な関連施設	宮崎市佐土原歴史資料館 鶴松館
スタンプ設置所	宮崎市佐土原歴史資料館 鶴松館(土日祝日のみ押印可) 宮崎市城の駅 佐土原いろは館

＊追記(備考)／今後発掘調査を実施し、遺構整備を行う予定。鶴松館は5月15日～6月14日は休館日なし。台風被害の復旧作業にともない、一部が立入禁止となる期間あり。詳細は宮崎市教育委員会文化財課[0985-85-1178]まで

志《し》布《ぶ》志《し》城《じょう》

雄大な空堀が巡る南九州特有の山城

鹿児島県志布志市

築城年代は不明だが、「救《く》仁《に》院《いん》志布志城」なる城名が南《なん》北朝《ぼくちょう》期の記録にある。肝付《きもつき》氏や楡井《にれい》氏などが奪い合った後、島津《しまづ》氏一族の新納《にいろ》氏が入城した。豊臣秀吉《とよとみひでよし》の九州平定後に廃城となり、慶長《けいちょう》二〇年（元《げん》和《な》元年［一六一五］）の一国《いっこく》一城令《いちじょうれい》の頃には使用されなくなったと考えられる。

内《うち》城・松尾《まつお》城・高《たか》城・新《しん》城という四つの城郭で構成され、曲輪《くるわ》群を大規模な空堀《からぼり》で分断した非常にダイナミックな山《やま》城《じろ》である。中心は東西約三〇〇m、南北約六〇〇mの内城であった。もっとも歴史が古いのは松尾城で、高城は松尾城の西の防備として築かれた。

1 内城本丸北端の櫓台《やぐらだい》
本丸上段の北側を中心に土塁《どるい》が巡り、北端は櫓台になっている。

2 志布志城空撮
東上空から見下ろす。手前に広がっているのが内城、その奥に松尾城、さらに奥に高城、新城と続いている。これらの城が志布志城を構成していた。

3 内城の本丸に向かう空堀通路
シラス台地を深く掘り下げた空堀の堀底道《ほりぞこみち》。左右に曲輪がそびえる。

主な遺構	内城、松尾城、高城、新城、堀、土塁など

別名	—
城地種類	山城
築城年代	不明（1336年には存在）
築城者	不明
主要城主	楡井氏、畠山氏、新納氏、島津氏、肝付氏
文化財史跡区分	国指定史跡
近年の主な復元・整備	—
主な関連施設	志布志市埋蔵文化財センター
スタンプ設置所	志布志市埋蔵文化財センター

続日本100名城

No.198

知覧城《ちらんじょう》

島津氏庶流の佐多氏の本城

鹿児島県南九州市

鎌倉《かまくら》時代、知覧は知覧氏が郡司《ぐんじ》として統治していたが、南北朝《なんぼくちょう》時代には島津《しまづ》氏庶流の佐多《さた》氏に与えられている。天正《てんしょう》一九年（一五九一）、佐多氏は海賊禁止令に触れ左遷されるが、慶長《けいちょう》一五年（一六一〇）に再び知覧の地頭《じとう》として戻る。後に佐多氏は島津姓を名乗り明治維新まで存続した。

主郭《しゅかく》部分の四つの曲輪《くるわ》は本丸・今城《いまんじょう》・蔵之城《くらんじょう》・弓場城《ゆんばじょう》と名づけられ、これらを東ノ栫《かこい》、南ノ栫、西ノ栫と称される大規模な曲輪が取り巻く。各曲輪は鹿児島特有のシラス台地の侵食谷《しんしょくだに》が天然の空堀《からぼり》となり、きわめて独立性が高い。空堀は最大で深さ三〇mにも及ぶ。

1 大空堀の現状
シラス台地の侵食谷を利用して造られた大空堀。平時においては、堀底を連絡路として使用していた。

2 知覧城跡空撮
西側上空より見下ろす。写真中央右寄りに大空堀がはっきりと見える。大空堀を挟んで左手が本丸などの主郭部。右手にも曲輪がある。

3 知覧麓《ふもと》の本馬場通り
通りの両側に切石《きりいし》や玉石《たまいし》が積まれ、その内側は屋敷地になっていた。

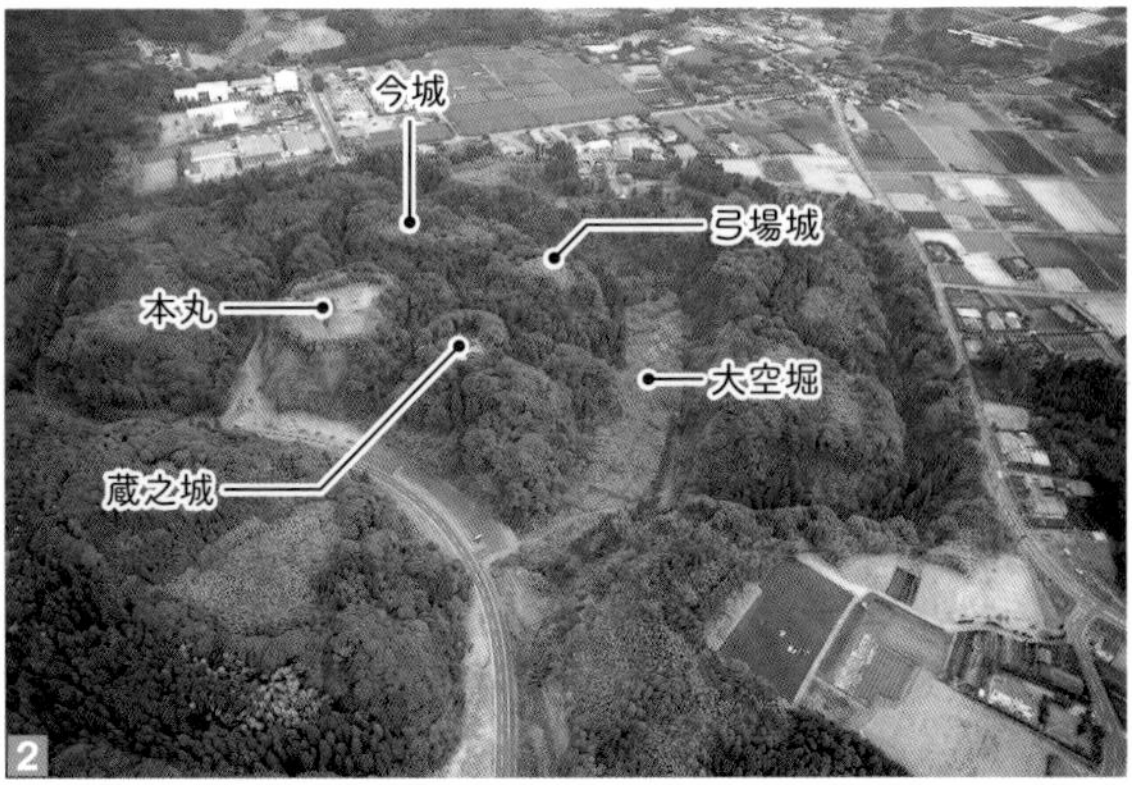

主な遺構	本丸、今城、蔵之城、弓場城、堀、土塁など

別名	―
城地種類	山城
築城年代	15世紀頃
築城者	不明
主要城主	佐多氏
文化財史跡区分	国指定史跡
近年の主な復元・整備	掘立柱建物跡の柱や土坑の平面表示など
主な関連施設	ミュージアム知覧
スタンプ設置所	ミュージアム知覧

＊追記（備考）／知覧城の廃城後、佐多氏が城の北方の沖積地に営んだものが知覧麓である。国の重要伝統的建造物群の武家屋敷や国名勝庭園が残されている

No.199

座《ざ》喜《き》味《み》城《じょう》

……沖縄県中頭郡読谷村

築城名人護佐丸により赤土の台地に築城

一五世紀初頭に琉球《りゅうきゅう》随一の築城名人護佐丸《ごさまる》が築いた。国頭《くにがみ》マージと呼ばれる赤土の台地上に築かれ、標高約一二七mの城内からは、北に恩納《おんな》岳から本部《もとぶ》半島の山塊、西に東シナ海、南に首里《しゅり》や浦添《うらそえ》方面まで見渡せた。護佐丸はこのグスクを海外貿易と地域支配の拠点としようとしていたが、一四四〇年頃、中山王《ちゅうざんおう》の命で中城《なかぐすく》城へ移転した。

一の郭《かく》と二の郭のみのシンプルな構造だが、長く連なる曲線状の城壁や二つのアーチ門が美しい。特に二つの城門では敵の侵入に対して横矢《よこや》を掛《か》ける石積構造となっている。

1 城壁
琉球石灰岩《りゅうきゅうせっかいがん》の切石《きりいし》を重厚に積み上げた城壁は見事である。

2 座喜味城空撮
ダイナミックにうねる石垣の連なりを上空から望む。突角部は裾広がりにいびつな星形を形成する。これは敵の攻撃に対して死角を減らし、かつ弱い赤土の地盤に対応するためと考えられる。

3 一の郭の礎石《そせき》建物跡
一の郭内部では、築城時代に差のある2棟の建物が確認された。

主な遺構	一の郭、二の郭、城壁、石造アーチ門など

別名	座喜味城(ざきみぐすく)
城地種類	山城
築城年代	15世紀初頭
築城者	護佐丸
主要城主	護佐丸
文化財史跡区分	世界文化遺産、国指定史跡
近年の主な復元・整備	一の郭、二の郭の城壁の復元修理
主な関連施設	世界遺産座喜味城跡ユンタンザミュージアム
スタンプ設置所	世界遺産座喜味城跡ユンタンザミュージアム

続日本100名城

No.200

勝連城《かつれんじょう》

権勢を誇った阿麻和利の大城郭

沖縄県うるま市

築城年代は発掘調査により一三世紀末～一四世紀初頭とされる。代々の勝連按司《あじ》(地方首長)は海外貿易で力を蓄え、中山王尚《ちゅうざんおうしょう》氏もその支配権を認めていたという。一五世紀前半に城主となった阿麻和《あまわ》利《り》は善政をしき、勝連城は最盛期を迎えたが、やがて謀反の疑いをかけられ、尚氏に敗れて勝連城は廃城となった。

城は中城《なかぐすく》湾に沿った勝連半島中央の独立丘陵上に位置し、琉球石灰岩《りゅうきゅうせっかいがん》の白亜の城壁は防御力の高さと曲線美を兼ね備える。縄張《なわばり》は一～四の曲輪《くるわ》と東の曲輪からなり、城域は沖縄屈指の広大さだった。城からの眺望は抜群である。

1 東方から見た勝連城
階段状に三の曲輪、二の曲輪と続く。最高所の一の曲輪には宝物庫があったとみられる。

2 勝連城空撮
独立した丘陵地に築かれており、写真手前が東の曲輪で、かつては城壁がこの曲輪まで巡っていた。

3 玉《たま》ノミウヂ御嶽《うたき》
一の曲輪のほぼ中央にあり、大きな岩をご神体とする。御嶽は信仰の対象となる聖地。

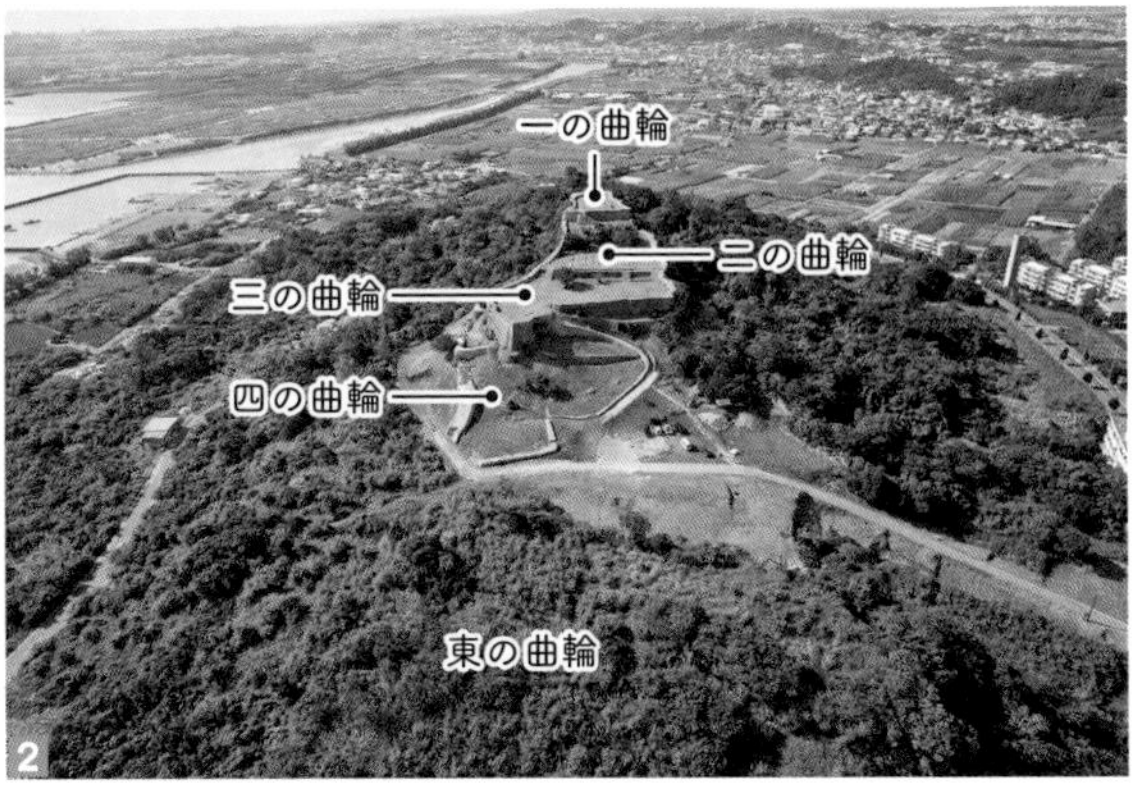

主な遺構	一の曲輪、城壁、石畳道など

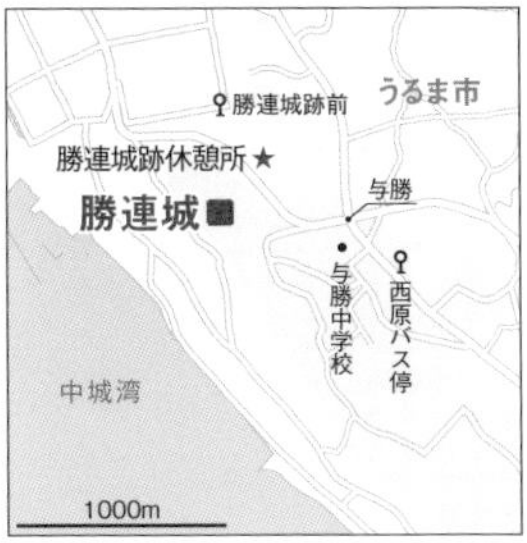

別名	勝連城(かつれんぐすく)
城地種類	山城
築城年代	13世紀頃
築城者	勝連按司
主要城主	阿麻和利
文化財史跡区分	世界文化遺産、国指定史跡
近年の主な復元・整備	遺構調査と石垣復元整備
主な関連施設	勝連城跡休憩所
スタンプ設置所	勝連城跡休憩所

[所在地] 〒904-2311　沖縄県うるま市勝連南風原3908
[交　通] 那覇バスターミナル与勝線（52）沖縄バスで約1時間30分「勝連城跡前」下車すぐ

ス勝連城跡休憩所（9：00～18：00）
098-978-7373

登城日　　年　　月　　日

200
勝連城（かつれんじょう）

登城認定

あなたは当協会が選定した「続日本100名城」をよく探訪し所定の登城数に達しましたのでここにその研鑽を称え登城完了印を押し登城順位を記入し認定致します。

年　　月　　日

公益財団法人　日本城郭協会

（フリガナ）
登城者名

登城開始日	年	月	日
登城完了日	年	月	日
完了年齢			才

すべてのスタンプがそろい、登城認定をご希望される方は日本城郭協会にこの本をお送りください。登城完了印と登録順位を記入して返送いたします。詳しくは143ページをご覧ください。

［お願い］スタンプ押印のマナーを守りましょう。

197 志布志城（しぶしじょう）

登城日　年　月　日

［所在地］〒899-7102　鹿児島県志布志市志布志町帖6380

［交　通］JR日南線「志布志」駅から徒歩約22分

ス志布志市埋蔵文化財センター（9：00～17：00※入館は16：30まで、㊡月曜日［祝日の場合は翌平日］、年末年始）
099-472-0140

198 知覧城（ちらんじょう）

登城日　年　月　日

［所在地］〒897-0303　鹿児島県南九州市知覧町永里

［交　通］JR九州新幹線「鹿児島中央」駅から鹿児島交通バス「知覧特攻観音入口」行で約1時間15分「中郡」下車徒歩約15分

スミュージアム知覧（9：00～17：00、観覧料大人300円、㊡水曜日、7月1日～3日、12月29日～31日）
0993-83-4433

199 座喜味城（ざきみじょう）

登城日　年　月　日

［所在地］〒904-0301　沖縄県中頭郡読谷村座喜味708-6

［交　通］那覇バスターミナル28番読谷線で約1時間20分「高志保入口」下車徒歩約25分

ス世界遺産座喜味城跡ユンタンザミュージアム（9：00～18：00※入館は17:30まで、㊡水曜日［祝日の場合は翌日］、年末年始、臨時休館あり）
098-958-3141

194 佐伯城（さいきじょう）

[所在地] 〒876-0831　大分県佐伯市大手町など

[交　通] JR日豊本線「佐伯」駅から大分バス「上り方面」で約6分「大手前」下車徒歩約5分、山頂まで徒歩約20分

ス 佐伯市歴史資料館受付（9：00～17：00、㊡月曜日［祝日の場合は翌日］、年末年始／休館日は佐伯市城下町観光交流館［9:00～18:00、㊡年末年始］0972-28-5656）　0972-22-0700

登城日　　年　　月　　日

195 延岡城（のべおかじょう）

[所在地] 〒882-0813　宮崎県延岡市東本小路

[交　通] JR日豊本線「延岡」駅下車徒歩約25分、または宮崎交通バス「保健福祉大学」行きで約7分「市役所前」下車徒歩約5分

ス 城山公園（延岡城）二の丸広場管理事務所前（終日利用可）

登城日　　年　　月　　日

196 佐土原城（さどわらじょう）

[所在地] 〒880-0301　宮崎県宮崎市佐土原町上田島追手ほか

[交　通] JR日豊本線「南宮崎」駅から徒歩約3分で宮交シティ、宮交シティから宮崎交通バス「西都」行きで約40分「交流センター前」下車徒歩約5分

ス 宮崎市佐土原歴史資料館 鶴松館（土日祝日のみ押印可／9：00～16：30）

ス 宮崎市城の駅 佐土原いろは館（9：00～18：00、㊡1月1日～3日）

登城日　　年　　月　　日

［お願い］スタンプ押印のマナーを守りましょう。

191 中津城（なかつじょう）

［所在地］〒871-0050　大分県中津市二ノ丁本丸

［交　通］JR日豊本線「中津」駅から徒歩約15分

ス中津城内（9：00～17：00）
0979-22-3651

登城日　　年　　月　　日

192 角牟礼城（つのむれじょう）

［所在地］〒879-4404　大分県玖珠郡玖珠町大字森

［交　通］JR久大本線「豊後森」駅から大分交通バスで約8分「上伏原」下車ですぐ登山口

ス豊後森藩資料館（9：00～16：00、㊡月曜日［祝日の場合は翌日］、年末年始）　0973-72-6370

スくすまちメルサンホール（9：00～17：00、㊡年末年始）

登城日　　年　　月　　日

193 臼杵城（うすきじょう）

［所在地］〒875-0041　大分県臼杵市臼杵丹生島

［交　通］JR日豊本線「臼杵」駅から徒歩約10分

ス臼杵市観光交流プラザ（9：00～18：00）
0972-63-1715

登城日　　年　　月　　日

188 原城（はらじょう）

[所在地] 〒859-2412　長崎県南島原市南有馬町
[交　通] JR長崎本線「諫早」駅から島鉄バスで約1時間30分「口之津」下車、「口之津」より島鉄バスで約15分「原城前」下車徒歩約10分
ス 原城跡総合案内所（9：30～16：30、㊡年末年始、荒天日[警報発令時]）
ス 有馬キリシタン遺産記念館（9：00～18：00、㊡木曜日、年末年始）　0957-85-3217

登城日　　年　　月　　日

189 鞠智城（きくちじょう）

[所在地] 〒861-0425　熊本県山鹿市菊鹿町米原443-1ほか
[交　通] JR鹿児島本線「熊本」駅から熊本電鉄バス「菊池温泉・市民広場前」行きで約1時間20分「菊池プラザ」下車タクシーで約5分
ス 歴史公園鞠智城・温故創生館（9：30～17：15※入館は16：45まで、㊡月曜日[祝日の場合は翌日]、12月25日～1月4日）　0968-48-3178

登城日　　年　　月　　日

190 八代城（やつしろじょう）

[所在地] 〒866-0862　熊本県八代市松江城町7-34
[交　通] JR鹿児島本線「八代」駅から産交バスで約10分「八代宮前」下車すぐ
ス 八代市立博物館未来の森ミュージアム（9：00～17：00、㊡月曜日[祝日の場合は翌日]、年末年始、臨時休館あり）　0965-34-5555
ス 八代市民俗伝統芸能伝承館（9：00～17：00、㊡年末年始）

登城日　　年　　月　　日

＊令和6年7月より八代市立博物館未来の森ミュージアムの改修・休館に伴い、八代市民俗伝統芸能館で押印

［お願い］スタンプ押印のマナーを守りましょう。

185 唐津城（からつじょう）

登城日　　年　　月　　日

[所在地]〒847-0016　佐賀県唐津市東城内8-1
[交　通]JR唐津線・筑肥線「唐津」駅から徒歩約25分

ス唐津城天守閣1階（9：00～17：00※入館は16：40まで、季節により開館時間の変更あり、㊡12月29日～31日）
0955-72-5697

186 金田城（かねだじょう）

登城日　　年　　月　　日

[所在地]〒817-0512　長崎県対馬市美津島町黒瀬ほか
[交　通]対馬空港から車で約15分／厳原港から車で約25分

ス美津島地区公民館（8：45～17：30、㊡年末年始）
0920-54-4044
ス観光情報館ふれあい処つしま（8：45～17：30、㊡年末年始）　0920-52-1566

187 福江城（ふくえじょう）

登城日　　年　　月　　日

[所在地]〒853-0018　長崎県五島市池田町1-1
[交　通]福江港から徒歩約8分

ス福江城五島氏庭園（9：00～17：00、㊡火・水曜日、臨時休園［冬期：12月中旬～2月末日、夏期：6月下旬～8月下旬頃］あり※臨時休園日は同じ福江城郭内にある「五島観光歴史資料館」にて押印可能）
0959-72-3519（五島氏庭園心字が池管理事務所）

182 水城（みずき）

[所在地] 〒818-0131　福岡県太宰府市水城1(東門付近)、〒816-0952福岡県大野城市下大利3-2-9(土塁断面ひろば)ほか
[交　通] 西鉄天神大牟田線「都府楼前」駅から徒歩約20分(東門)、JR鹿児島本線「水城」駅から徒歩約1分(土塁断面ひろば)

ス 水城館(9：00～16：30、㊡月曜日[祝日の場合は翌平日]、年末年始※水城館の休館日は太宰府市役所文化財課で押印可能)　092-555-8455

ス 大野城心のふるさと館(9：00～19：00、㊡月曜日[祝日の場合は翌平日]、年末年始※休館日は大野城市役所新館3階行政資料室で押印可能)　092-558-5000

ス JR水城駅

登城日　年　月　日

183 久留米城（くるめじょう）

[所在地] 〒830-0021　福岡県久留米市篠山町444
[交　通] JR鹿児島本線「久留米」駅より徒歩約15分、または西鉄バス(18)で約6分「大学病院」下車徒歩約5分

ス 篠山神社社務所(8：00～17：30)

ス 有馬記念館(10：00～17：00、㊡火曜日[祝日の場合は翌平日]、年末年始、展示替え期間)

登城日　年　月　日

184 基肄城（きいじょう）

※2021年6月現在、通行制限あり

[所在地] 〒841-0201　佐賀県三養基郡基山町大字小倉ほか
[交　通] JR鹿児島本線「基山」駅から徒歩約1時間

ス 基山町民会館(9：00～21：00、㊡年末年始ほか)

※最新情報は https://www.town.kiyama.lg.jp/kiji0033353/index.html 参照

登城日　年　月　日

［お願い］スタンプ押印のマナーを守りましょう。

179 河後森城（かごもりじょう）

登城日　　年　　月　　日

[所在地] 〒798-2101　愛媛県北宇和郡松野町松丸ほか

[交　通] JR予土線「松丸」駅から徒歩約10分で河後森城跡の永昌寺口、または徒歩約20分で風呂ヶ谷口（駐車場あり）

ス 河後森城跡西第十曲輪馬屋（史跡現地）

180 岡豊城（おこうじょう）

登城日　　年　　月　　日

[所在地] 〒783-0044　高知県南国市岡豊町八幡字岡豊山

[交　通] JR土讃線「高知」駅からとさでん交通バスで約30分「学校分岐」下車徒歩約15分

ス 高知県立歴史民俗資料館2階総合案内（9：00～17：00、㊡年末年始［12月27日～1月1日］、臨時休館あり）
088-862-2211

181 小倉城（こくらじょう）

登城日　　年　　月　　日

[所在地] 〒803-0813　福岡県北九州市小倉北区城内2-1

[交　通] JR日豊本線・鹿児島本線「小倉」駅から徒歩約20分または「西小倉」駅から徒歩約10分

ス しろテラス（9：00～18：00）
080-1532-3273

176 一宮城（いちのみやじょう）

[所在地] 〒779-3132　徳島県徳島市一宮町西丁ほか

[交　通] JR徳島線「徳島」駅から徳島バス天の原線・一宮線で約40分「一の宮札所前」下車すぐ

ス 一宮城跡登山口説明板横

登城日　　年　　月　　日

177 引田城（ひけたじょう）

[所在地] 〒769-2901　香川県東かがわ市引田城山

[交　通] JR高徳線「引田」駅から徒歩約20分

ス 讃州井筒屋敷（10：00～16：00、㊡水曜日[祝日の場合は営業]、年末年始）
0879-23-8550

ス 引田公民館（9：00～17：00、㊡火曜日、年末年始）
0879-33-2533

登城日　　年　　月　　日

178 能島城（のしまじょう）

[所在地] 愛媛県今治市宮窪町能島

[交　通] JR予讃線「今治」駅から急行・特急バス大三島線「石文化運動公園」下車、島内路線バス「村上海賊ミュージアム」下車徒歩約1分（今治市村上海賊ミュージアム）

ス 今治市村上海賊ミュージアム（9：00～17：00※入館は16：30まで、観覧料一般個人310円、㊡月曜日[祝日の場合は翌平日]、年末年始。休館日[年末年始を除く]は今治市宮窪公民館で押印可）　0897-74-1065

登城日　　年　　月　　日

［お願い］スタンプ押印のマナーを守りましょう。

173 新高山城（にいたかやまじょう）

登城日　　年　　月　　日

[所在地] 〒729-0412　広島県三原市本郷町本郷
[交　通] JR山陽本線「本郷」駅から徒歩約20分（登山口）

ス本郷生涯学習センター（9:00～18:00、㊡年末年始）
ス本郷町観光協会（平日9:00～12:00のみ）

174 大内氏館・高嶺城（おおうちしやかた・こうのみねじょう）

登城日　　年　　月　　日

[所在地] ［大内氏館］〒753-0089　山口県山口市大殿大路
［高嶺城］〒753-0091　山口県山口市上宇野令
[交　通] ［大内氏館］JR山口線「山口」駅から徒歩約30分　［高嶺城］JR山口線「山口」駅から徒歩約1時間30分
ス山口市歴史民俗資料館（9：00～17：00※入館は16：30まで、㊡月曜日［祝日の場合は翌日］、年末年始）083-924-7001
ス大路ロビー（10:00～17:00、㊡火曜日、お盆、年末年始）083-920-9220

175 勝瑞城（しょうずいじょう）

登城日　　年　　月　　日

[所在地] 〒771-1273　徳島県板野郡藍住町勝瑞東勝地
[交　通] JR高徳線「勝瑞」駅から徒歩約10分

ス史跡勝瑞城館跡展示室（9：00～17：00、㊡年末年始［12月29日～1月3日］）088-641-3466
ス武田石油（平日7:00～20:00、日曜日8:00～19:00、㊡第2・第4日曜日）

170 浜田城（はまだじょう）

［所在地］〒697-0027　島根県浜田市殿町
［交　通］JR山陰本線「浜田」駅から徒歩約20分、または石見交通バスで約10分「城山公園前」下車徒歩約5分
ス浜田市浜田城資料館（9:00～17:00、㊡月曜日［祝日の場合は翌日］、年末年始）　0855-28-7151
ス浜田護国神社社務所（8：00～16：00）

登城日　年　月　日

171 備中高松城（びっちゅうたかまつじょう）

［所在地］〒701-1335　岡山県岡山市北区高松558-2
［交　通］JR吉備線（桃太郎線）「備中高松」駅から徒歩約10分
ス高松城址公園資料館（10：00～15：00、㊡月曜日、年末年始）
086-287-5554

登城日　年　月　日

172 三原城（みはらじょう）

［所在地］〒723-0014　広島県三原市城町
［交　通］JR山陽本線「三原」駅すぐ
ス（一社）三原観光協会（9：00～18：00、㊡年末年始）
0848-63-1481
ス三原市歴史民俗資料館（10：00～16：00、㊡月曜日［祝日の場合は翌日］、年末年始）

登城日　年　月　日

［お願い］スタンプ押印のマナーを守りましょう。

167 新宮城（しんぐうじょう）

登城日　年　月　日

［所在地］〒647-0081　和歌山県新宮市新宮7691-1
［交　通］JR紀勢本線「新宮」駅から徒歩約10分

ス 新宮市立歴史民俗資料館（9：00～17：00、入館料大人220円、㊡月曜日［祝日の場合は翌日］、祝日の翌日、年末年始）
0735-21-5137

168 若桜鬼ケ城（わかさおにがじょう）

登城日　年　月　日

［所在地］〒680-0701　鳥取県八頭郡若桜町若桜・三倉
［交　通］若桜鉄道若桜線「若桜」駅から登山道利用で山頂まで徒歩約45分

ス 二の丸内の作業小屋前（終日利用可、冬期間は若桜郷土文化の里9：00～17：00　0858-82-0583）
ス 若桜町観光案内所（若桜町バスターミナル内、7：00～18：30、㊡年末年始）　0858-82-5500

169 米子城（よなごじょう）

登城日　年　月　日

［所在地］〒683-0824　鳥取県米子市久米町
［交　通］JR山陰本線「米子」駅から徒歩約15分

ス 米子市立山陰歴史館（9：30～18：00※入館は17：30まで、㊡火曜日、祝日の翌日、年末年始、臨時休館あり）
0859-22-7161
ス 米子城跡三の丸番所（三の丸駐車場内　8：30～17：00）

164 洲本城（すもとじょう）

[所在地] 〒656-0023　兵庫県洲本市小路谷1272-2

[交　通] JR神戸線「三ノ宮」駅から淡路島行き高速バスで約1時間30分「洲本高速バスセンター」下車徒歩約40分

ス 洲本市立淡路文化史料館（9：00～17：00、㊡月曜日［祝日の場合は翌平日］、年末年始）
0799-24-3331

登城日　　年　　月　　日

165 大和郡山城（やまとこおりやまじょう）

[所在地] 〒639-1011　奈良県大和郡山市城内町2

[交　通] 近鉄橿原線「近鉄郡山」駅から徒歩約10分／JR関西本線「郡山」駅から徒歩約20分

ス 柳沢文庫（9：00～17：00※入館は16：30まで、㊡月曜日、第4火曜日［祝日の場合は開館］、お盆、年末年始、展示替え期間など）
0743-58-2171

登城日　　年　　月　　日

166 宇陀松山城（うだまつやまじょう）

[所在地] 奈良県宇陀市大宇陀春日・拾生・岩清水

[交　通] 近鉄大阪線「榛原」駅より奈良交通バス「大宇陀」行で約20分「大宇陀」下車徒歩約20分

ス まちづくりセンター「千軒舎」（9：00～17：00、㊡年末年始）

ス 道の駅「宇陀路大宇陀」（終日押印可）

登城日　　年　　月　　日

［お願い］スタンプ押印のマナーを守りましょう。

161 岸和田城（きしわだじょう）

登城日　　年　　月　　日

［所在地］〒596-0073　大阪府岸和田市岸城町9-1
［交　通］南海電鉄南海本線「岸和田」駅から徒歩約15分または「蛸地蔵」駅から徒歩約10分
ス岸和田城天守閣受付（10：00～17：00※入場は16：00まで、㊡月曜日［祝日およびお城まつり期間中は開場］、年末年始、展示替え期間）
072-431-3251

162 出石城・有子山城（いずしじょう・ありこやまじょう）

登城日　　年　　月　　日

［所在地］［出石城］〒668-0214　兵庫県豊岡市出石町内町　［有子山城］〒668-0214　兵庫県豊岡市出石町内町ほか
［交　通］JR山陰本線「豊岡」駅から全但バスで約30分「出石」下車徒歩約5分
スいずし観光センター（8：30～17：30）
0796-52-6045

163 黒井城（くろいじょう）

登城日　　年　　月　　日

［所在地］〒669-4141　兵庫県丹波市春日町黒井
［交　通］JR福知山線「黒井」駅から登山口まで徒歩約10分

ス春日住民センター（8：30～22：00、㊡年末年始）

158 福知山城（ふくちやまじょう）

[所在地]〒620-0035　京都府福知山市字内記5
[交　通]JR福知山線「福知山」駅から徒歩約15分
ス福知山城天守閣入口受付（9：00～17：00※入館は16：30まで、㊡2021年度は未定）0773-23-9564
ス福知山観光案内所（JR福知山駅北口、9：00～17：00、㊡年末年始）　0773-22-2228

登城日　　年　　月　　日

159 芥川山城（あくたがわさんじょう）

[所在地]〒569-1051　大阪府高槻市大字原
[交　通]JR京都線「高槻」駅から高槻市営バスで約15分「塚脇」下車山頂部まで徒歩約30分
ス高槻市立しろあと歴史館（10：00～17：00※入館は16：30まで、㊡月曜日［祝日は開館］、祝日の翌平日、年末年始）072-673-3987
ス高槻市観光協会事務所（平日は9：00～17：00、土日祝日は10：00～17：00、㊡年末年始）　072-675-0081
ス高槻市観光案内所（10：00～17：00、㊡月曜日［祝日の場合は翌平日］、年末年始）　072-686-0711

登城日　　年　　月　　日

160 飯盛城（いいもりじょう）

[所在地]〒574-0011　大阪府大東市大字北条ほか
[交　通]JR学研都市線「四条畷」駅から徒歩約1時間
ス大東市立歴史民俗資料館（9：30～19：30、㊡第1・第3火曜日、年末年始）　072-876-7011
ス四條畷市立歴史民俗資料館（9：30～17：00、㊡月曜日［祝日の場合は翌日］、年末年始ほか）072-878-4558
ス大東市立野外活動センター　072-874-5165（青少年協会）
ス四條畷市立野外活動センター

登城日　　年　　月　　日

［お願い］スタンプ押印のマナーを守りましょう。

155 赤木城（あかぎじょう）

[所在地] 〒519-5404　三重県熊野市紀和町赤木
[交　通] JR紀勢本線「熊野市」駅から車で約40分

ス 道の駅熊野・板屋九郎兵衛の里（10：00〜17：00、㉁第2・第3火曜日）
0597-97-0968

登城日　　年　　月　　日

156 鎌刃城（かまはじょう）

[所在地] 〒521-0025　滋賀県米原市番場
[交　通] JR東海道線「米原」駅から湖国バス「東レ・カーボンマジック前」行で約15分「番場」下車登山口まで徒歩約40分

ス Cafe&Gallery「源右衛門」案内パンフレットボックス（終日利用可）

登城日　　年　　月　　日

157 八幡山城（はちまんやまじょう）

[所在地] 〒523-0828　滋賀県近江八幡市宮内町ほか
[交　通] JR琵琶湖線「近江八幡」駅から近江鉄道バスで約10分「大杉町八幡山ロープウェーロ」下車徒歩約5分（ロープウェー乗り場）
ス 近江鉄道八幡山ロープウェー山上駅（9：00〜17：00※16：30最終、㉁2月に1〜2週間メンテナンス期間あり）　0748-32-0303
ス 瑞龍寺（9:00〜17:00）

登城日　　年　　月　　日

152 津城（つじょう）

［所在地］〒514-0033　三重県津市丸之内5-1
［交　通］近鉄名古屋線「津新町」駅から徒歩約10分

ス高山神社社務所（9：00～16：00）
ス津まんなかガイド詰所（土日祝日のみ／9：30～16：00）

登城日　　年　　月　　日

153 多気北畠氏城館（たげきたばたけしじょうかん）

［所在地］〒515-3312　三重県津市美杉町上多気1148ほか
［交　通］JR名松線「伊勢奥津」駅から津市コミュニティバスで約10分「上多気交差点」下車徒歩約10分

ス北畠神社社務所（8：30～17：00）

登城日　　年　　月　　日

154 田丸城（たまるじょう）

［所在地］〒519-0415　三重県度会郡玉城町田丸
［交　通］JR参宮線「田丸」駅から徒歩約10分

ス玉城町教育委員会窓口（村山龍平記念館内）（月～金曜日は9：00～17：00、土日祝日は9：00～16：30、㊡年末年始、特別展示の前）
0596-58-8212（村山龍平記念館）

登城日　　年　　月　　日

［お願い］スタンプ押印のマナーを守りましょう。

149 小牧山城（こまきやまじょう）

[所在地] 〒485-0046　愛知県小牧市堀の内1-1

[交　通] 名古屋鉄道小牧線「小牧」駅から名鉄バス「岩倉駅（小牧市役所前経由）」行きで約10分「小牧市役所前」下車すぐ

ス 小牧市歴史館（9：00～16：30、㊡第３木曜日［祝日の場合は翌平日］、年末年始）
0568-72-0712

登城日　　年　　月　　日

150 古宮城（ふるみやじょう）

[所在地] 〒441-1414　愛知県新城市作手清岳字宮山

[交　通] JR飯田線「新城」駅から豊鉄バスで約25分「鴨ヶ谷口」下車徒歩約2分

ス 作手歴史民俗資料館（10：00～15：00、㊡火曜日［祝日の場合は翌日］、年末年始）
0536-37-2188

登城日　　年　　月　　日

151 吉田城（よしだじょう）

[所在地] 〒440-0801　愛知県豊橋市今橋町3

[交　通] JR・名鉄「豊橋」駅から豊鉄市内線で約10分「市役所前」下車、徒歩約5分

ス 吉田城鉄櫓内（10：00～15：00、㊡祝日を除く月曜日、年末年始）
0532-51-2430（豊橋市観光振興課）

ス 豊橋市役所東館13階手筒花火体験パーク（8：30～21：30、㊡年末年始）

登城日　　年　　月　　日

146 諏訪原城（すわはらじょう）

[所在地]〒428-0037　静岡県島田市菊川
[交　通]JR東海道本線「金谷」駅から徒歩約30分

ス諏訪原城ビジターセンター内入り口（10：00～16：00、㊡月曜日、年末年始）
ス諏訪原城ビジターセンター裏側パンフレット置場（終日利用可）

登城日　　年　　月　　日

147 高天神城（たかてんじんじょう）

[所在地]〒437-1435　静岡県掛川市上土方嶺向
[交　通]JR東海道本線「掛川」駅からしずてつジャストライン掛川大東浜岡線「浜岡営業所」行き、または「大東支所」行きで約25分「土方」下車徒歩約15分
ス大東北公民館（9：00～17：00、㊡月曜日、年末年始）
0537-74-2200
ス掛川観光協会ビジターセンター「旅のスイッチ」（9：00～17：00、㊡年末年始）　0537-24-8711
ス掛川南部観光案内処（9：00～16：00、㊡水・木曜日、年末年始）　0537-48-0190

登城日　　年　　月　　日

148 浜松城（はままつじょう）

[所在地]　〒430-0946　静岡県浜松市中区元城町100-2
[交　通]JR東海道本線「浜松」駅から遠鉄バスで約10分「市役所南」下車徒歩5分
ス浜松城天守門入口（8:30～16:30、㊡12月29日～31日）
053-453-3872（浜松城天守閣）

登城日　　年　　月　　日

［お願い］スタンプ押印のマナーを守りましょう。

143

美濃金山城（みのかねやまじょう）

［所在地］〒505-0130　岐阜県可児市兼山
［交　通］名古屋鉄道広見線「明智」駅からYAOバスで約15分「城戸坂」下車徒歩15分

ス可児市観光交流館（8：30～22：00、㈱年末年始）
0574-59-2288

登城日　年　月　日

144

大垣城（おおがきじょう）

［所在地］〒503-0887　岐阜県大垣市郭町2-52
［交　通］JR東海道本線「大垣」駅南口から徒歩約7分

ス大垣城天守内（9：00～17：00、㈱火曜日、祝日の翌日、年末年始）
0584-74-7875

登城日　年　月　日

145

興国寺城（こうこくじじょう）

［所在地］〒410-0309　静岡県沼津市根古屋
［交　通］JR東海道本線「原」駅から「ミューバス原駅循環（東回り）」で約7分「東根古屋」下車すぐなど
ス穂見神社境内（興国寺城跡本丸内説明板横、終日利用可）
ス沼津市文化財センター（平日のみ）　055-935-5010
ス浮島地区センター・浮島市民窓口事務所（9：00～21：00［月曜日は17：00まで］）

登城日　年　月　日

※冬期の登城は困難（47ページ参照）

140 玄蕃尾城（げんばおじょう）

[所在地] 〒914-0313　福井県敦賀市刀根ほか
[交　通] JR北陸本線「敦賀」駅からコミュニティーバス「愛発線」で約30分「刀根」下車徒歩約50分ほか
ス 林道突き当たり車止め見学受付ポスト（4月下旬～11月下旬）
ス 余呉湖観光館（平日は8：30～17：15、土日祝日は9：00～16：00、㊡年末年始）
ス JR余呉駅

登城日　　年　　月　　日

141 郡上八幡城（ぐじょうはちまんじょう）

[所在地] 〒501-4214　岐阜県郡上市八幡町柳町一の平659
[交　通] 長良川鉄道「郡上八幡」駅から市街地巡回バスで約20分「城下町プラザ」下車徒歩約15分
ス 郡上八幡城1階（9月～5月は9：00～17：00（11月～2月は16：30まで）、6月～8月は8：00～18：00、㊡12月20日～1月10日）
0575-67-1819（郡上八幡産業振興公社）

登城日　　年　　月　　日

142 苗木城（なえぎじょう）

[所在地] 〒508-0101　岐阜県中津川市苗木
[交　通] JR中央本線「中津川」駅から北恵那交通バス「付知峡倉屋温泉」行きまたは「加子母総合事務所」行きで約15分「苗木」下車徒歩約20分
ス 中津川市苗木遠山史料館（9：30～17：00※入館は16：30まで、㊡月曜日［祝日の場合は翌日］、年末年始）　0573-66-8181

登城日　　年　　月　　日

［お願い］スタンプ押印のマナーを守りましょう。

137 福井城（ふくいじょう）

［所在地］〒910-0005　福井県福井市大手
［交　通］JR北陸本線「福井」駅から徒歩約5分

ス福井県庁舎1階受付（開庁日の8：30～17：15）

登城日　　年　　月　　日

138 越前大野城（えちぜんおおのじょう）

［所在地］〒912-0087　福井県大野市城町3-109
［交　通］JR越美北線「越前大野」駅から亀山南登り口まで徒歩約20分、登り口から天守まで徒歩約20分

ス越前大野城1階（4月～9月は9：00～17：00、10月～11月は6：00～16：00、㊡12月～3月）
※休館時のスタンプについては45ページ参照
0779-66-0234

登城日　　年　　月　　日

139 佐柿国吉城（さがきくによしじょう）

［所在地］〒919-1132　福井県三方郡美浜町佐柿
［交　通］JR小浜線「美浜」駅から徒歩約40分ほか

ス若狭国吉城歴史資料館（4月～11月は9：00～17：00、12月～3月は10：00～16：30※入館は閉館の30分前まで、㊡月曜日［祝日の場合は翌日］、祝日の翌日、年末年始）
0770-32-0050

※休館日も資料館正面玄関横で押印可

登城日　　年　　月　　日

134 富山城（とやまじょう）

[所在地] 〒930-0081　富山県富山市本丸
[交　通] JR北陸新幹線「富山」駅から徒歩15分または市内電車（セントラム）環状線約10分「国際会議場前」下車すぐ
ス 富山市郷土博物館（9：00～17：00※入館は16：30まで、㊡展示替えおよび館内整備日、年末年始）076-432-7911

登城日　　年　　月　　日

135 増山城（ますやまじょう）

[所在地] 〒939-1402　富山県砺波市増山
[交　通] JR城端線「砺波」駅から車で約20分

ス 砺波市埋蔵文化財センター（9：00～17：00、㊡月曜日、祝日［月曜日の場合は火曜日も休館］、第3日曜日、年末年始。休業日でもスタンプ押印可能）0763-37-1303

登城日　　年　　月　　日

136 鳥越城（とりごえじょう）

[所在地] 〒920-2361　石川県白山市三坂町
[交　通] JR北陸本線「小松」駅より小松バス「別宮」行き約40分「別宮」下車徒歩約20分／北陸鉄道石川線「鶴来」駅から北陸鉄道バスで約25分「釜清水」下車徒歩約25分
ス 白山市立鳥越一向一揆歴史館（9:00～17:00、㊡月曜日［祝日の場合は翌日］、年末年始）076-254-8020

登城日　　年　　月　　日

［お願い］スタンプ押印のマナーを守りましょう。

131
村上城（むらかみじょう）

登城日　　年　　月　　日

[所在地] 〒958-0835　新潟県村上市二之町
[交　通] JR羽越本線「村上」駅から徒歩約25分
ス 村上市郷土資料館1階ロビー（9：00～16：30、㊡年末年始）
0254-52-1347
ス 東北電力村上電力センター正面入口（終日利用可）
ス（一財）村上城跡保存育英会事務所（9：00～12：00、㊡土日祝日、年末年始）

132
高田城（たかだじょう）

登城日　　年　　月　　日

[所在地] 〒943-0835　新潟県上越市本城町7-7ほか
[交　通] えちごトキめき鉄道妙高はねうまライン「高田」駅から徒歩約15分
ス 上越市立歴史博物館（4月～11月は9：00～17：00、12月～3月は10：00～16：00※観覧券の販売は閉館の30分前まで）　025-524-3120
ス 高田城三重櫓（9：00～17：00、㊡両施設とも月曜日［祝日の場合は翌日］、祝日の翌日、年末年始）　025-526-5915

133
鮫ケ尾城（さめがおじょう）

登城日　　年　　月　　日

[所在地] 〒944-0097　新潟県妙高市大字宮内ほか
[交　通] えちごトキめき鉄道妙高はねうまライン「北新井」駅から徒歩約35分
ス 斐太歴史の里総合案内所（4月～11月／9：00～17：00［10月は16：00、11月は15：00まで、4月～11月は無休］）　0255-72-0697
ス 神の宮温泉かわら亭（12月～3月／9：00～21：30、㊡不定）

128 要害山城（ようがいさんじょう）

[所在地]〒400-0011　山梨県甲府市上積翠寺町
[交　通]JR中央本線「甲府」駅から山梨交通バスで約20分「積翠寺」下車徒歩約15分（登城口まで）

ス 甲府市藤村記念館（9：00～17：00、㊡月曜日［祝日の場合は翌日］、年末年始）
0055-252-2762

登城日　年　月　日

129 龍岡城（たつおかじょう）

[所在地]〒384-0412　長野県佐久市田口3000-1ほか
[交　通]JR小海線「臼田」駅から徒歩約20分

ス 五稜郭であいの館（9：30～16：00、㊡火曜日、年末年始）
0267-82-0230

登城日　年　月　日

130 高島城（たかしまじょう）

[所在地]〒392-0022　長野県諏訪市高島1-20-1
[交　通]JR中央本線「上諏訪」駅より徒歩約10分

ス 高島城（天守閣資料館）1階展示室内（4月～9月は9：00～17：30、10月～3月は9：00～16：30、㊡11月第2木曜日、12月26日～31日、臨時休館あり）
0266-53-1173

登城日　年　月　日

［お願い］スタンプ押印のマナーを守りましょう。

125 小机城（こづくえじょう）

［所在地］〒222-0036　神奈川県横浜市港北区小机町

［交　通］JR横浜線「小机」駅から徒歩約10分

ス横浜市城郷小机地区センター（月～土曜日は9：00～21：00、日祝日は9：00～17：00、㊡第4月曜日［祝日の場合は翌日］、年末年始）
045-472-1331

登城日　　年　　月　　日

126 石垣山城（いしがきやまじょう）

［所在地］　〒250-0021　神奈川県小田原市早川1383-12

［交　通］JR「早川」駅から徒歩約50分／箱根登山鉄道「入生田」駅から徒歩約60分

ス石垣山一夜城駐車場トイレ前（8:30～17:00）
0465-23-1373（小田原城総合管理事務所）

登城日　　年　　月　　日

127 新府城（しんぷじょう）

［所在地］〒407-0262　山梨県韮崎市中田町中條字城山

［交　通］JR中央本線「新府」駅から徒歩約5分

ス韮崎市民俗資料館（9：00～16：30、㊡月曜日、木曜日13時まで、祝日の振替休館日、年末年始ほか）
0551-22-1696

登城日　　年　　月　　日

122 大多喜城（おおたきじょう）

［所在地］〒298-0216　千葉県夷隅郡大多喜町大多喜481

［交　通］いすみ鉄道「大多喜」駅から徒歩約15分

ス千葉県立中央博物館大多喜城分館2階（9：00～16：30※入館は16：00まで、㊡月曜日［祝日の場合は翌日］、年末年始、展示替期間、休館日は押印できない）　0470-82-3007

登城日　　年　　月　　日

123 滝山城（たきやまじょう）

［所在地］〒192-0002　東京都八王子市高月町（都立滝山公園）

［交　通］JR中央線「八王子」駅または京王電鉄京王線「京王八王子」駅から西東京バス「ひよどり山トンネル経由戸吹」行きで約19分「滝山城址下」下車本丸まで徒歩約15分

ス滝山城跡中の丸

登城日　　年　　月　　日

124 品川台場（しながわだいば）

［所在地］〒135-0091　東京都港区台場1（台場公園）

［交　通］ゆりかもめ東京臨海新交通臨海線「お台場海浜公園」駅から徒歩約15分／東京臨海高速鉄道りんかい線「東京テレポート」駅から徒歩約20分

ス公園センター潮風公園管理事務所1階（9：00～16：00）

スお台場海浜公園マリンハウス受付（1階）・管理事務所（2階）（9：00～17：00）

登城日　　年　　月　　日

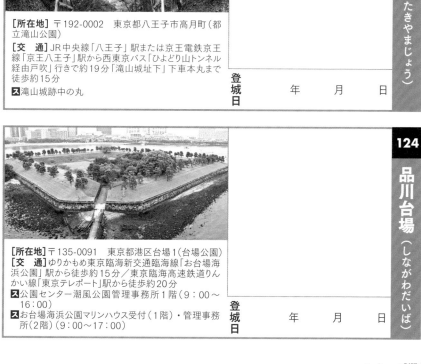

［お願い］スタンプ押印のマナーを守りましょう。

119

杉山城（すぎやまじょう）

登城日　　年　　月　　日

［所在地］〒355-0211　埼玉県比企郡嵐山町杉山
［交　通］東武東上線「武蔵嵐山」駅から徒歩約35分

ス嵐山町役場（8：30〜17：15）
0493-62-2150

120

菅谷館（すがややかた）

登城日　　年　　月　　日

［所在地］〒355-0221　埼玉県比企郡嵐山町菅谷757
［交　通］東武東上線「武蔵嵐山」駅から徒歩約15分
ス埼玉県立嵐山史跡の博物館展示室受付（9月〜6月は9：00〜16：30、7月〜8月は9：00〜17:00※入館は閉館の30分前まで、㊡月曜日、年末年始、企画展開催前後）　0493-62-5896

121

本佐倉城（もとさくらじょう）

登城日　　年　　月　　日

［所在地］〒285-0926　千葉県印旛郡酒々井町本佐倉字城ノ内、佐倉市大佐倉
［交　通］京成本線「大佐倉」駅から徒歩約10分／JR成田線「酒々井」駅から徒歩約25分
ス国史跡本佐倉城跡案内所（9：00〜16：30、㊡月曜日［祝日の場合は翌日］、休日の翌日、12月28日〜1月4日）
ス京成本線大佐倉駅

116 沼田城（ぬまたじょう）

[所在地] 〒378-0042　群馬県沼田市西倉内町2889-3（沼田市観光案内所）

[交　通] JR上越線「沼田」駅から徒歩約18分

ス沼田市観光案内所（4月～11月は9：00～17：00、12月～3月は9：00～16：00、㊡年末年始）0278-25-8555

登城日　　年　　月　　日

117 岩櫃城（いわびつじょう）

※12月～3月は登山困難（24ページ参照）

[所在地] 〒377-0801　群馬県吾妻郡東吾妻町大字原町1965-2（平沢登山口観光案内所）

[交　通] JR吾妻線「群馬原町」駅から徒歩約40分（登山口まで）

ス平沢登山口観光案内所（4月～11月／9：00～16：00）

ス東吾妻町観光協会（12月～3月／9：00～17：00　㊡年末年始）　0279-70-2110

登城日　　年　　月　　日

118 忍城（おしじょう）

[所在地] 〒361-0052　埼玉県行田市本丸17-23（行田市郷土博物館）

[交　通] 秩父鉄道「行田市」駅より徒歩約15分

ス行田市郷土博物館（9：00～16：30※入館は16：00まで、㊡月曜日、祝日の翌日、年末年始、第4金曜日［例外あり］　048-554-5911。休館日は観光情報館ぶらっとぎょうだで押印可能［9：00～16：00、㊡年末年始　048-554-1036］）

登城日　　年　　月　　日

［お願い］スタンプ押印のマナーを守りましょう。

113 土浦城（つちうらじょう）

登城日　年　月　日

［所在地］〒300-0043　茨城県土浦市中央1（亀城公園内）

［交　通］JR常磐線「土浦」駅西口から徒歩約15分

ス土浦城東櫓（9：00～16：30、㊡月曜日［祝日の場合は開館］、祝日の翌日［翌日が土・日曜日の場合は開館］、年末年始、展示会準備期間など）029-824-2928（土浦市立博物館）

114 唐沢山城（からさわやまじょう）

登城日　年　月　日

［所在地］〒327-0801　栃木県佐野市富士町1409（唐澤山神社）

［交　通］東武佐野線「田沼」駅から徒歩約45分（本丸まで）

ス唐澤山神社社務所（9：00～17：00）

115 名胡桃城（なぐるみじょう）

登城日　年　月　日

［所在地］〒379-1314　群馬県利根郡みなかみ町下津

［交　通］JR上越線「後閑」駅から徒歩約50分／JR上越新幹線「上毛高原」駅から徒歩約50分

ス名胡桃城址案内所（9：00～16：00、㊡年末年始）0278-62-0793

110 三春城（みはるじょう）

[所在地] 〒963-7759　福島県田村郡三春町字大町
[交　通] JR磐越東線「三春」駅から徒歩約30分または「三春」駅から町営バスで約10分「三春町役場」あるいは「保健センター」下車徒歩すぐ
ス本丸（ボックス設置）
ス三春町歴史民俗資料館（9：00～16：30、㊡月曜日、祝日の翌日［月曜日が祝日の場合は火曜日］、年末年始）0247-62-5263

登城日　年　月　日

111 向羽黒山城（むかいはぐろやまじょう）

[所在地] 〒969-6133　福島県大沼郡会津美里町字船場
[交　通] JR只見線「会津本郷」駅より徒歩約30分

ス向羽黒山城跡整備資料室前（終日利用可）
※資料室の見学は要事前確認（18ページ参照）

登城日　年　月　日

112 笠間城（かさまじょう）

[所在地] 〒309-1611　茨城県笠間市笠間3616ほか
[交　通] JR水戸線「笠間」駅より徒歩約50分／JR常磐線・水戸線「友部」駅よりかさま周遊バスで約15分「笠間日動美術館」下車徒歩約20分

スかさま歴史交流館 井筒屋（終日利用可）
0296-71-8118

登城日　年　月　日

［お願い］スタンプ押印のマナーを守りましょう。

107 秋田城（あきたじょう）

登城日　　年　　月　　日

[所在地]〒011-0939　秋田県秋田市寺内大畑

[交　通]JR奥羽本線「秋田」駅から「将軍野線」または「寺内経由土崎線」の秋田中央交通バスで約20分「秋田城跡歴史資料館前」下車徒歩約3分

ス秋田市立秋田城跡歴史資料館（9：00～16：30、㊡年末年始）018-845-1837

ス史跡公園管理棟（4月～11月／9：00～16：00）

108 鶴ケ岡城（つるがおかじょう）

登城日　　年　　月　　日

[所在地]〒997-0035　山形県鶴岡市馬場町

[交　通]JR羽越本線「鶴岡」駅から庄内交通バス「湯野浜温泉方面」行きで約10分「市役所前」下車徒歩約2分

ス荘内神社社務所（9：00～17：00）

109 米沢城（よねざわじょう）

登城日　　年　　月　　日

[所在地]〒992-0052　山形県米沢市丸の内1-4-13（上杉神社）

[交　通]JR奥羽本線「米沢」駅から市街地循環バス右回りで約10分「上杉神社前」下車徒歩約3分

ス米沢観光コンベンション協会観光案内所（9：00～17：00）
0238-21-6226

104

九戸城（くのへじょう）

[所在地]〒028-6101　岩手県二戸市福岡字城ノ内、松ノ丸
[交　通]JR東北新幹線「二戸」駅よりJRバスまたは岩手県北バスで約5分「呑香稲荷神社前」下車徒歩5分
ス九戸城ガイドハウス(4月～11月／10：00～15：00)
ス二戸市埋蔵文化財センター受付（9：00～17：00、㉁月曜日、祝日の翌日［土・日曜日の場合は開館］、年末年始）　0195-23-8020

登城日　　年　　月　　日

105

白石城（しろいしじょう）

[所在地]〒989-0251　宮城県白石市益岡町1-16(益岡公園内)
[交　通]JR東北本線「白石」駅から徒歩約10分
ス白石城天守閣（4月～10月は9：00～17：00、11月～3月は9：00～16：00）
0224-24-3030（白石城管理事務所白石城歴史探訪ミュージアム）

登城日　　年　　月　　日

106

脇本城（わきもとじょう）

※冬期の登城は積雪のため困難

[所在地]〒010-0342　秋田県男鹿市脇本脇本字七沢外
[交　通]JR男鹿線「脇本」駅から徒歩約35分またはタクシーで約6分

ス史跡脇本城跡案内所(終日利用可)

登城日　　年　　月　　日

［お願い］ スタンプ押印のマナーを守りましょう。

101 志苔館（しのりだて）

［所在地］〒042-0923　北海道函館市志海苔町ほか
［交　通］JR函館本線「函館」駅から函館バス91系統などで約35分「志海苔」下車すぐ

ス志苔館四阿（あずまや）
0138-21-3472（函館市教育委員会文化財課）

登城日　　年　　月　　日

102 上ノ国勝山館（かみのくにかつやまだて）

［所在地］〒049-0601　北海道檜山郡上ノ国町字勝山
［交　通］道南いさりび鉄道「木古内」駅から函館バスで約1時間10分「大留」下車徒歩3分、函館バスに乗り換え「上ノ国駅前」から約4分「上ノ国」下車徒歩約2分
ス勝山館跡ガイダンス施設（4月第4土曜日～11月第2日曜日、10：00～16：00、㊡月曜日・祝日の翌日）
0139-55-2400
ス上ノ国町教育委員会（ガイダンス施設冬期休館日／8：30～17：15）

登城日　　年　　月　　日

103 浪岡城（なみおかじょう）

［所在地］〒038-1311　青森県青森市浪岡大字浪岡
［交　通］JR奥羽本線「浪岡」駅より徒歩約30分
ス青森市中世の館（9：00～17：00、㊡月曜日［祝日の場合は翌日］、第3日曜日、年末年始）　0172-62-1020
ス浪岡城跡案内所（9：00～16：00、問い合わせは中世の館まで）
ス青森市浪岡交流センター「あぴねす」（4月～11月は9：00～19：00、12月～3月は9：00～18：00、㊡年末年始）

登城日　　年　　月　　日

続日本100名城に行こう
公式スタンプ帳

続日本100名城スタンプラリーについてのお願い

1 このスタンプラリーは、日本城郭協会会員の会費および寄付金と、各城郭管理者のご協力により運営しております。**有料管理地区にスタンプ置場がある場合がありますが、無料で押印を求める等の行為はご遠慮ください。**

2 スタンプ設置所は、城から離れた関連公共施設や寺、神社などの場合もあります。また、**スタンプを押すことができる時間は決まっています。事前に場所や時間を確認してからお出かけください。**休業日や早朝、深夜に押しかけてスタンプを出してもらって押すことは**厳禁**です。**年末年始の休業日は各城郭ごとに異なります。**また、**災害や新型コロナウイルス感染症拡大防止のため、各施設において臨時休館や開館時間の変更が生じる場合があります。**

3 スタンプ設置所や押印可能時間などが変更されている場合がありますので、事前によくご確認ください。

4 公式スタンプは、公式スタンプ帳に押印する以外の目的で使用しないようにしましょう。また、続日本100名城公式スタンプ以外のスタンプも各城郭に用意されていますので、お間違いなきように確認して押印してください。

5 修復・復元工事や、発掘調査をしている場合があるかもしれません。案内板や係員の指示に従い、作業の邪魔にならないように気をつけて見学しましょう。

6 **低い山城だからといって侮らない**ことです。道が整備されていない城もあります。動きやすい靴や服装で登りましょう。

7 山城でとくに注意しなければいけないのは火事です。**指定された場所以外での喫煙はおやめください。**

8 現地で土器や瓦片などを目にしても、決して持ち帰ってはいけません。また、**建築物や石垣にいたずら書きをする等の行為も厳禁です。**

スタンプを押すときのご注意

- 「続日本100名城」スタンプラリーのスタンプはインク内蔵のもので、色は城により4色を使い分けています。
- スタンプを押す際は、下のカバーをはずして絵柄の上下や枠の位置をよく確認しましょう。
- スタンプ帳に押す前に、別の紙などに試し押しをして、位置や濃度を確認してください。スタンプ帳に直接押すのが原則です。他の紙に押したスタンプを貼るのは無効になる場合があります。
- あまり強く押すとインクがにじみますので、ご注意ください。
- 押し終わったら、スタンプにカバーをはめて、元のところに戻しましょう。
- インクが乾いてからページを閉じましょう。
- 「登城日」はスタンプを押した年月日を記入するところです。

※各城郭に関するデータは2024年8月現在のものです。情報は変更されている場合もありますので、事前に必ずご確認ください。
※スタンプ帳の「交通」は、代表的な例を紹介しています。
※スはスタンプが置いてある場所を示しています。

◎「続日本100名城スタンプラリー」全般に関するご質問などは、
公益財団法人 日本城郭協会にお問い合わせください。

登城完了認定印と登城順位について

●すべてのスタンプがそろい、登城認定をご希望される方は、日本城郭協会にこの本をお送りください。登城完了印（108ページ）と登城順位を記入してご返送するとともに、日本城郭協会のホームページでお名前を発表いたします（発表を希望されない方はスタンプ帳郵送時にお伝えください）。
●登城認定は郵送のみ受け付けていますので、郵便局で発売中のレターパックライトにてお送りください。返信用もレターパックライトに宛先を記入して同封してください。事務局への持ち込みは受け付けておりませんのでご注意ください。
●城郭協会事務局は住所を変更することもありますのでホームページ、電話などで確認してください。

【送付先】公益財団法人 日本城郭協会事務局「続日本100名城」登城認定係
〒141-0031　東京都品川区西五反田8-2-10　五反田グリーンハイツ302
Tel/Fax　03-6417-9703［平日11:00～15:00］
e-mail　info-jokaku@kna.biglobe.ne.jp
ホームページ　http://jokaku.jp/

●**編集協力・写真提供**（敬称略・順不同）

函館市教育委員会／上ノ国町教育委員会／青森市教育委員会／二戸市教育委員会／白石城管理事務所／男鹿市観光スポーツ部／秋田市立秋田城跡歴史資料館／[公財]致道博物館／米沢市／米沢市教育委員会／三春町歴史民俗資料館／会津美里町教育委員会／笠間市教育委員会／土浦市教育委員会／佐野市教育委員会／みなかみ町教育委員会／沼田市教育委員会／東吾妻町観光協会／東吾妻町教育委員会／行田市郷土博物館／嵐山町教育委員会／埼玉県立嵐山史跡の博物館／酒々井町教育委員会／佐倉市教育委員会／千葉県立中央博物館大多喜城分館／八王子市教育委員会／東京港埠頭（株）公園センター／横浜市／小田原市／小田原城総合管理事務所／韮崎市教育委員会／甲府市教育委員会／佐久市教育委員会／諏訪市／村上市教育委員会／上越市教育委員会／妙高市教育委員会／富山市郷土博物館／砺波市教育委員会／白山市教育委員会／福井市／大野市歴史博物館／若狭国吉城歴史資料館／敦賀市教育委員会／長浜市／[一財]郡上八幡産業振興公社／中津川市苗木遠山史料館／可児市教育委員会／大垣市教育委員会／沼津市文化財センター／島田市教育委員会／掛川市／浜松市教育委員会／浜松市公園管理事務所／小牧市教育委員会／新城市設楽原歴史資料館／豊橋市／津市教育委員会／玉城町教育委員会／熊野市教育委員会／びわこビジターズビューロー／米原市教育委員会／近江八幡市／福知山市／高槻市立しろあと歴史館／四條畷市教育委員会／大東市教育委員会／岸和田市観光振興協会 岸和田城／岸和田市教育委員会／豊岡市教育委員会／豊岡市文化振興課／山名氏城跡保存会／丹波市教育委員会／洲本市教育委員会／洲本城友の会／大和郡山市／宇陀市教育委員会／新宮市教育委員会／若桜町教育委員会／米子市教育委員会／米子市文化振興課／米子市地域おこし協力隊／浜田市教育委員会／岡山市教育委員会／三原市教育委員会／山口市教育委員会／藍住町教育委員会／徳島市教育委員会／東かがわ市教育委員会／今治市村上海賊ミュージアム／松野町教育委員会／高知県立歴民俗資料館／高知県立埋蔵文化財センター／小倉城／北九州まちづくり応援団㈱／北九州市立いのちのたび博物館／[公財]古都大宰府保存協会／太宰府市教育委員会／大野城市教育委員会／九州歴史資料館／久留米市教育委員会／久留米市文化財保護課／基山町教育委員会／[公財]唐津市文化事業団／唐津市教育委員会／対馬市教育委員会／五島氏庭園心字が池管理事務所／五島観光歴史資料館／南島原市／南島原市教育委員会／歴史公園鞠智城・温故創生館／八代市教育委員会／㈱千雅商事／玖珠町教育委員会／臼杵市教育委員会／佐伯市教育委員会／佐伯市観光協会／延岡市／延岡市内藤記念館／宮崎市教育委員会／志布志市教育委員会／南九州市教育委員会／世界遺産座喜味城跡ユンタンザミュージアム／うるま市教育委員会

加藤理文／戸塚和美／河西克造／金澤雄記／松野正樹／野原大輔／吉田純一／溝口彰啓／高橋洋充／石田多加幸／中西裕樹／崎山正人／和田利信／宮田逸民／山川　均／水島大二／乗岡　実／藤田　健／竹重満憲／神田高士／増田　豪／上里隆史／松岡利郎

続日本100名城に行こう 公式スタンプ帳つき

2019年1月15日　第1刷発行
2024年9月18日　第6刷発行

監　　修　公益財団法人 日本城郭協会
発 行 人　松井謙介
編 集 人　廣瀬有二
編集担当　早川聡子
発 行 所　株式会社 ワン・パブリッシング
〒105-0003
東京都港区西新橋2-23-1
印 刷 所　大日本印刷株式会社

執　　筆　小和田哲男
（「続日本100名城」の選定にあたって）
碧水社編集部（各城解説）
編集制作　株式会社碧水社
地図製作　データ・アトラス株式会社
スタンプ原画　ユーエム・サクシード株式会社

●この本に関する各種お問い合わせ先
内容等のお問い合わせは、下記サイトのお問い合わせフォームよりお願いします。
https://one-publishing.co.jp/contact/
不良品（落丁、乱丁）については　Tel 0570-092555
業務センター
〒354-0045 埼玉県入間郡三芳町上富279-1
在庫・注文については書店専用受注センター
Tel 0570-000346

ワン・パブリッシングの書籍・雑誌についての新刊情報・詳細情報は、下記をご覧ください。
https://one-publishing.co.jp/
歴史群像HP　https://rekigun.net/

公益財団法人 日本城郭協会

1955年2月に任意団体として設立され、1967年6月に文部省（現文部科学省）、2013年4月に内閣府の認可を受けて、城に関する唯一の公益財団法人として活動しています。「日本および世界各国の城郭に関する研究、調査、啓蒙を通じて、民族、歴史、風土に関する知識の普及を図り、もって教育、文化の発展に寄与すること」（定款より）を目的としています。城郭に興味のある方なら、どなたでも入会可能です。

《事務局》〒141-0031 東京都品川区西五反田8-2-10 五反田グリーンハイツ302
Tel・Fax 03-6417-9703　http://jokaku.jp/

★本書は2019年に学研プラスより刊行された『続日本100名城に行こう 公式スタンプ帳つき』に改訂を加えたものです。